Peça!

Wayne Baker

Peça!

Como a habilidade de pedir ajuda pode transformar sua carreira

Benvirá

Copyright © Wayne Baker, 2020
Título original: All you have to do is ask: how to master the most important skill for success
Tradução publicada mediante acordo com a Currency, selo da Random House, uma divisão da
Penguin Random House LLC

Direção executiva Flávia Alves Bravin
Direção editorial Renata Pascual Müller
Gerência editorial Rita de Cássia da Silva Puoço
Aquisições Tatiana Allegro
Edição Paula Hercy Cardoso Craveiro
Produção Rosana Peroni Fazolari

Tradução Débora Isidoro
Preparação Halime Musser
Revisão Maurício Katayama
Diagramação Adriana Aguiar Santoro
Capa Tiago Dela Rosa
Impressão e acabamento Bartira

Dados Internacionais de Catalogação na Publicação (CIP)
Angélica Ilacqua CRB-8/7057

Baker, Wayne
    Peça! : como a habilidade de pedir ajuda pode trans-
formar sua carreira / Wayne Baker ; tradução de Débora
Isidoro. São Paulo : Benvirá, 2020.
    208 p.

    Bibliografia
    ISBN 978-85-5717-364-4
    Título original: All you have to do is ask: how to master
the most important skill for success

    1. Comunicação nas organizações 2. Relações huma-
nas 3. Comportamento de ajuda 4. Grupos de trabalho I.
Título II. Isidoro, Débora
                            CDD 650.1014
20-1876   CDU 65.011.4

Índice para catálogo sistemático:
1. Comunicação nas organizações

1ª edição, agosto de 2020

Todos os direitos reservados à Benvirá, um selo da Saraiva Educação.
Av. Paulista, 901, 3º andar
Bela Vista - São Paulo - SP - CEP: 01311-100

SAC: sac.sets@somoseducacao.com.br

CÓDIGO DA OBRA 703166   CL 670930   CAE 728174

*Com amor, para minha querida esposa Cheryl
e nosso maravilhoso filho Harrison.*

Sumário

PARTE I
O Poder do "Pedido"

1

Basta pedir e milagres acontecerão

Jessica estava sobrecarregada e não sabia o que fazer. Como uma pessoa de natureza generosa, tinha se oferecido, como faz com frequência, para ajudar um colega em apuros. Ele era uma contratação recente na firma de TI na qual ambos trabalhavam, alguém que não tinha experiência com o sistema de Gestão de Relacionamento com o Cliente (CRM) da empresa e ficou para trás. Jessica conhecia o sistema até do avesso, por isso se ofereceu para ajudar o colega e assumir uma tarefa de registro de dados. Mas o que começou como um simples favor a um colega sobrecarregado logo se tornou uma colossal dor de cabeça para Jessica.[1]

"A carga de trabalho extra não parecia tão pesada quando aceitei ajudar", Jessica me contou, "mas logo percebi quanto tempo aquilo me tomaria". Ela começou a chegar cedo no escritório, ficar até mais tarde e trabalhar na hora do almoço para conciliar essa tarefa com as obrigações de seu cargo. Ressentiu-se com o restante da equipe por saírem para almoçar, ou por deixarem o escritório às 17h. "Ficava ressentida até quando as pessoas paravam na minha sala para conversar!", ela disse. "Uma conversa de quinze minutos com um colega significava quinze minutos que eu não poderia passar com minha família à noite."

Jessica precisava de ajuda. Mas ela nunca pediu. "Eu imaginava que as outras pessoas da minha equipe também estavam ocupadas, por isso continuei enfrentando a sobrecarga de trabalho", ela explicou. "Não sabia o quanto era importante levantar a mão e pedir ajuda. Presumi que era responsabilidade do meu gerente ou dos meus colegas perceber a quantidade de trabalho extra que eu fazia e se oferecer para dividir a carga."

Quando o desespero de Jessica aumentou, ela só viu uma saída: pedir demissão. E foi o que fez. Mais tarde, analisando sua situação, ela percebeu que o problema nunca foi o emprego ou o chefe, mas o fato de ter deixado de pedir a ajuda, não sinalizando o que precisava para concluir o trabalho. "Nunca mais vou cometer esse erro!", disse ela.

Assim como Jessica, muitos relutam em pedir ajuda quando estão sobrecarregados. Em minhas palestras, quando pergunto para a plateia o que é preciso para que peçam ajuda, muitos dizem que só se manifestam quando chegam ao limite.[2] "Só peço ajuda quando não sei mais o que fazer e estou em desespero", eles dizem.

Se essa afirmação também descreve você, saiba que não está sozinho. No entanto, manifestar suas necessidades e solicitações traz muitos benefícios. Isso nos torna mais eficientes no trabalho. Leva a novas oportunidades profissionais, ou a um novo talento para vagas de trabalho. Ajuda a nos adaptarmos melhor a novas circunstâncias. Melhora o aprendizado e impulsiona a criatividade. Eleva o desempenho da equipe e melhora a eficiência operacional. Além disso, estudos mostram que, quando fazemos um pedido, até desconhecidos têm mais probabilidade de nos atender do que imaginamos. *Pedir ajuda é frequentemente o caminho mais simples e objetivo entre nós e o sucesso.* Mas a ideia de pedir ajuda pode ser aterrorizante para muitos de nós.

É fundamental entender que a ajuda raramente chega se não pedirmos. De fato, estudos mostram que até 90% da ajuda oferecida no ambiente de trabalho só acontece *depois* de ter sido pedida.[3] A explicação é simples: as pessoas não podem ajudar se não sabem do que você precisa, e elas não sabem do que você precisa até que diga a elas. Quando *não* pedimos aquilo de que precisamos, o custo é enorme. Pesquisas mostram que deixar de pedir ajuda custa bilhões de dólares ao ano às empresas da *Fortune 500*.[4] E o custo em nossa vida – em casa, no trabalho e em todos os outros lugares – é muito maior do que a maioria percebe. *Não* pedir ajuda é uma das decisões mais autolimitantes, autorrestritivas e até mesmo autodestrutivas que podemos tomar. Sem a ajuda e a assistência de outras pessoas, não recebemos os recursos de que precisamos para fazer nosso trabalho, solucionar problemas e cumprir nossas missões no mundo.

Quando pedimos ajuda, coisas boas podem acontecer

Cristina é a mais nova de três filhos. Seus pais a mimaram desde o momento em que ela nasceu. Então, como vocês podem imaginar, ficaram arrasados quando descobriram que alguma coisa estava errada: a cabeça dela não se desenvolvia de maneira apropriada.[5]

Acontece que as articulações do crânio ainda em formação se fundiram cedo demais. O crânio de um bebê é composto de cinco ossos principais, unidos por articulações, ou suturas cranianas, compostas de tecidos fibrosos. Se você já sentiu uma área macia na cabeça de um bebê, então tocou no espaço entre os ossos em que as suturas se cruzam. Essas suturas flexíveis permitem que o cérebro e a cabeça de um bebê cresçam. As suturas no crânio de Cristina se fecharam prematuramente, impedindo o desenvolvimento normal. Essa condição rara é chamada de craniossinostose. Se não for tratada, resulta em deformidade permanente da cabeça e do rosto, o que, provavelmente, vai acarretar uma vida de ridicularização e isolamento social. E o quadro oferece grave risco de atrasos no desenvolvimento, problemas de aprendizagem, cegueira, convulsões e até morte.

Uma cirurgia específica poderia corrigir o problema do crânio de Cristina e permitir o crescimento e o desenvolvimento normais do cérebro. Mas na Romênia, onde a família de Cristina mora, encontrar um especialista capaz de realizar essa cirurgia rara e delicada seria muito difícil. Sem um milagre, o futuro dessa garotinha estaria em risco.

Então, a tia de Cristina, Felicia, que mora na França e trabalha no Instituto Europeu de Administração de Empresas (INSEAD), uma das principais escolas de negócios do mundo, ofereceu-se para viabilizar uma atividade chamada "Círculo da Reciprocidade" como parte do programa de orientação aos novos alunos. Você vai saber mais sobre o Círculo da Reciprocidade na Parte II deste livro, mas, por enquanto, pense nele como uma atividade de grupo guiada, que permite aos participantes ter acesso a conhecimento, sabedoria e recursos de uma grande rede para obter coisas de que precisam. Todos os alunos que chegam ao MBA do INSEAD participam da atividade.

Como parte de seu treinamento, Felicia participou de duas rodadas do Círculo da Reciprocidade. A primeira rodada foi para pedidos pessoais; a segunda, para pedidos profissionais. Inicialmente, Felicia não sabia o que pedir na primeira rodada. Mas reuniu a coragem para pedir a única coisa que poderia reverter o destino da sobrinha pequena: um especialista em cirurgia pediátrica de crânio que soubesse como reparar craniossinostose.

Naquele dia, um professor adjunto de Comportamento Organizacional na INSEAD, o dr. Thomas Hellwig, também estava em treinamento para mediar um Círculo da Reciprocidade. Na época, o dr. Hellwig trabalhava como psicoterapeuta e pediatra no Necker, um hospital infantil em Paris, e, quando ouviu o pedido emocionado de Felicia, soube que precisava ajudar. Ele ofereceu seu auxílio, proporcionando um encontro com o dr. Eric Arnaud, cirurgião no Necker e no Marcel Sembat (outro hospital infantil da região), que era um especialista experiente em casos como o de Cristina.

Depois de uma atribulada troca de e-mails e telefonemas, Cristina e os pais viajaram para a França, onde a menina foi submetida a uma cirurgia no Marcel Sembat para corrigir seu problema. O procedimento foi um sucesso, e hoje Cristina se desenvolve bem. Tenho uma foto dela em cima da minha mesa como um testemunho e um lembrete do enorme poder de pedir aquilo de que precisamos.

Tenho milhares de histórias como a de Cristina – talvez não tão dramáticas, mas igualmente improváveis. Ou *aparentemente* improváveis, eu deveria dizer. Quando nos permitimos pedir, destravamos a generosidade humana, e milagres acontecem.

Por que pedir?

Um engenheiro sênior em uma grande fábrica de automóveis se esforçava para resolver um complicado problema técnico. Fazia meses que ele buscava soluções, mas sem chegar a lugar algum. Um dia, ele decidiu que era hora de pedir ajuda. Então, recorreu à rede de colegas, descreveu o problema e perguntou se alguém conhecia um perito que ele pudesse consultar. Para sua surpresa, a primeira pessoa a responder não foi um dos pesquisadores sêniores, nem um engenheiro de outra unidade. Em vez disso, a ajuda veio de uma fonte improvável: uma auxiliar administrativa de 22 anos que tinha acabado de ser contratada pela empresa. O pai dela era um dos principais especialistas do mundo justamente no procedimento no qual o engenheiro tinha dificuldades. E mais: esse homem tinha se aposentado havia pouco tempo e a esposa o vinha incentivando a passar mais tempo fora de casa. A auxiliar administrativa apresentou o engenheiro ao pai dela, e o engenheiro teve acesso ao conhecimento especializado de que precisava.

Esse exemplo ilustra um ponto crucial: você nunca sabe o que as pessoas sabem – ou quem elas conhecem – até perguntar. Ninguém teria imaginado que uma jovem auxiliar administrativa teria a chave para solucionar o problema. Se você simplesmente pedir aquilo de que precisa, a ajuda virá e, às vezes, de onde você menos espera.

No local de trabalho, pedir ajuda pode significar a diferença entre sucesso e fracasso. Isso não é anedótico. De fato, pesquisas revelaram vários benefícios comprovados.

Melhor desempenho e maior satisfação no trabalho. Em poucas palavras, você precisa dos outros para fazer seu trabalho. Seja informação, alguma habilidade ou expertise que alguém tenha, mais um par de braços ou apoio para implementar uma ideia ou um projeto: conseguir aquilo de que precisa permite que você faça bem o seu trabalho, e, quando isso acontece, você é mais feliz e mais satisfeito no trabalho.[6]

Sucesso em um novo emprego. Quando começa em um novo emprego, você inevitavelmente precisa de ajuda para conhecer o novo ambiente e entender o que esperam de você. Estudos mostram que novos funcionários são menos frustrados no emprego, têm melhor desempenho e maior probabilidade de permanência quando pedem e obtêm ajuda para esclarecer os requisitos do trabalho, entender os procedimentos e conseguir assistência técnica.[7]

Encontrar empregos – ou talento – para vagas de emprego. Procurando um novo emprego? Ou a pessoa certa para contratar? É mais provável que você encontre o que quer quando pede sugestões, recomendações e indicações às pessoas de sua rede. Foi assim que consegui meu primeiro emprego. Eu estava ajudando um amigo e alguns conhecidos dele a transportar um piano vertical, quando mencionei que estava me formando e procurando um emprego em Washington, D.C. Depois perguntei se alguém sabia de alguma coisa. Um dos conhecidos do meu amigo me indicou a um antigo colega de dormitório na faculdade, um homem que comandava uma empresa de consultoria na capital dos Estados Unidos. Essa conexão levou a uma viagem, depois a uma proposta de trabalho e ao meu emprego como gerente de projetos na empresa. No período em que ainda não havia a internet, 50% ou mais dos empregos eram encontrados por intermédio de conexões sociais e profissionais. Esses laços continuam sendo igualmente importantes agora, embora algumas plataformas digitais, como o motor de busca de empregos Indeed, sejam cada vez mais usadas.[8] Indicações via redes sociais rendem melhores resultados do que métodos de busca digitais, ou seja, resultam em mais contratações, e as pessoas contratadas permanecem por mais tempo em seus empregos.[9]

Aprendizado e desenvolvimento profissional. O aprendizado não pode acontecer no vácuo.[10] Aprendemos testando novas habilidades e ideias, depois pedindo feedback sobre os resultados.[11] Por exemplo, se você quer aprender a dar uma palestra eficiente, pode conseguir se preparar e falar por conta própria, mas, sem feedback sobre o seu desempenho, nunca saberá o que precisa melhorar. E muita gente não vai dar feedback a menos que você peça.

Criatividade e inovação. Grandes ideias não surgem do nada. E inovação não é uma questão de sorte. Cultivamos criatividade pedindo e obtendo informação, trocando ideias e conversando.[12] Por exemplo, quando meus colegas e eu ensinamos Design Thinking, tiramos os executivos do conforto da sala de aula e os mandamos para as ruas de Ann Arbor, onde eles devem abordar desconhecidos e perguntar sobre suas experiências com um produto ou serviço em particular. Os executivos voltam com ideias novas para seus protótipos e com a agradável descoberta de que a maioria dos desconhecidos vai dizer sim quando convidada a participar.

E, cheios de novas ideias, precisamos de ajuda de outras pessoas para desenvolver, testar, refinar e implementar cada uma delas.[13] Pedir ajuda aumenta a probabilidade de colocar uma ideia em prática e concluí-la.[14]

Administrar o estresse. Se você se sente frequentemente estressado no trabalho ou em casa, saiba que muita gente também se sente assim. Oito em cada dez americanos (79%) dizem se sentir estressados todos os dias. O estresse no local de trabalho é a principal queixa dos trabalhadores americanos, de acordo com a empresa de pesquisa Gallup.[15] Pesquisas mostram que pedir ajuda e apoio alivia o estresse e a sensação de falta de tempo e eleva o engajamento e o desempenho no trabalho.[16]

Os benefícios resultantes de pedir ajuda também estão ao alcance de equipes e organizações. Assim...

Desempenho de equipe. Pedir ajuda melhora o desempenho da equipe porque permite que as pessoas sejam mais criativas, aprendam umas com as outras e desenvolvam uma compreensão coletiva de propósito, visão e tarefas da equipe.[17] As equipes de mais alto desempenho cultivam redes de contato externas e as usam para buscar informação, feedback, conhecimentos específicos e outros recursos.[18]

Redução de custo. Os benefícios são significativos. Pesquisas mostram que empresas reduzem drasticamente custos médicos, de incapacidade e compensação dos funcionários, além de terem menos absenteísmo e maior produtividade, quando seus empregados usam voluntariamente programas de assistência ao colaborador.[19]

Além disso, reduzimos custos ao encontrar soluções mais rápidas ou ao descobrir alternativas mais econômicas. Por exemplo, uma vez trabalhei com um cientista na Aventis que precisava sintetizar uma cepa de um alcaloide específico para um medicamento altamente rentável que sua equipe estava desenvolvendo. Ele estava prestes a assinar um contrato com um laboratório externo e pagar cinquenta mil dólares pelo serviço. Em vez disso, usando as ferramentas apresentadas neste livro, ele recorreu a uma rede de cientistas e pediu uma alternativa mais barata. Um colega na Aventis respondeu ao pedido, dizendo que tinha uma folga na capacidade de seu laboratório e poderia fazer isso *de graça*, o que representou uma economia no valor de toda a quantia que seria paga ao fornecedor.

O que é revelador nesse exemplo é que os cientistas estavam na *mesma* equipe de desenvolvimento do medicamento. Mas, como não tinham o hábito de pedir ajuda, o cientista que não usava toda a capacidade de seu laboratório não tinha ideia de que o outro cientista estava prestes a contratar um fornecedor externo para uma análise que poderia ser feita internamente. Verbalizar a solicitação tornou a necessidade conhecida. Uma vez conhecida, outros puderam responder. E responderam.

Incentivados por essa história de sucesso, outros cientistas na equipe começaram a fazer diversos pedidos, desde ajuda para rastrear certos compostos em um ensaio enzimático e permissão para observar atividade biológica para um projeto em particular até ajuda com modelagem molecular. Quando foram solicitados a estimar financeiramente o valor total da ajuda que receberam, os cientistas relataram economias imediatas superiores a duzentos mil dólares (apenas para uma equipe de desenvolvimento, no espaço de tempo de apenas duas horas e meia, período necessário para utilizar uma ferramenta deste livro).

Produtividade e lucratividade. Quando pedir e dar ajuda são a norma em uma empresa, a produtividade dos empregados é mais alta, enquanto a rotatividade é mais baixa.[20] Quando CEOs pedem frequentemente feedback sobre seu desempenho, as equipes da alta administração se tornam mais comprometidas, o que, por sua vez, melhora o desempenho financeiro de suas empresas.[21] Empresas são mais lucrativas quando têm empregados que se relacionam em grandes redes, se comparadas a outras cujos funcionários se concentram em tarefas individuais e desempenho individual.[22] No caso da equipe da Aventis, por exemplo, os cientistas também relataram que as rápidas respostas às suas solicitações economizaram mais de três mil horas – tempo que agora pode ser dedicado a trabalhar em outro medicamento em desenvolvimento.

Pedir ajuda melhora eficiências operacionais, porque nos permite encontrar e obter informação, trabalho e capital com mais rapidez, além de reduzir o esforço empregado. Acelera o uso e o fluxo dos recursos de uma organização. E as pessoas são mais produtivas quando não desperdiçam tempo – e energia mental – se debatendo por muito tempo com um problema ou uma tarefa antes de pedir ajuda.[23]

Pode parecer um paradoxo, mas pedir também é a chave para *dar*. Aprendi essa verdade há décadas, quando comecei a desenvolver ferramentas para capacitar indivíduos, equipes e organizações a recorrer a suas redes de contatos e a destravar a riqueza de recursos em torno delas. Na época, presumi que o problema seria convencer as pessoas a serem generosas. Não. Para minha surpresa, o verdadeiro problema foi convencer as pessoas a pedirem aquilo de que precisavam. Aprendi que a maioria, na verdade, está disposta a ajudar se for solicitada. Mas muita gente não pede, e o resultado disso é que todas as respostas, soluções e todos os recursos ficavam de lado, intocados, sem uso e desperdiçados – por motivo nenhum.

Com o passar do tempo, essas primeiras lições foram reforçadas por pesquisas e pelas experiências de milhares de pessoas de todos os lugares que usaram essas ferramentas. Essas lições me fizeram querer entender por que é tão difícil pedir aquilo de que precisamos e motivaram minha busca por ferramentas testadas, práticas e eficientes que superem os obstáculos de pedir ajuda.

Todos os dias eu vejo os benefícios de usar os métodos mostrados no programa *All You Have to Do Is Ask* (em tradução livre, Tudo o que você precisa fazer é pedir). Vejo no meu trabalho diário como professor na Ross School of Business da Universidade de Michigan, onde por mais de 25 anos eu pesquisei, lecionei e consultei sobre generosidade, reciprocidade, redes sociais e liderança positiva, e no meu papel como diretor do Center for Positive Organizations (CPO), onde trabalho com mais de cinquenta companhias e organizações que são membros do nosso consórcio de negócios. Vejo como codiretor do Leading with Impact, uma parceria de muitos anos entre a General Motors e a Executive Education da Ross School of Business, em que ajudo líderes do mundo todo a construir redes de dar e receber, as quais permitem a construção de pontes que ligam organizações de todos os tamanhos. E vejo como conselheiro estratégico e membro do conselho da Give and Take, Inc., uma companhia que fundei com meu colega Adam Grant e outros; nossa missão é ajudar líderes a criarem culturas robustas de reciprocidade e colaboração em equipes e companhias.

Ao longo do livro, você vai ler muitas histórias que ouvi e vivenciei nessa jornada. Vai aprender por que, exatamente, tantas pessoas têm dificuldade para pedir ajuda, e como superar esses obstáculos. Vai aprender métodos simples, mas poderosos, para ajudar a formular um pedido, identificar a pessoa ou as pessoas certas para pedir ajuda, e ter acesso cada vez mais amplo a recursos de suas conexões. E vai aprender a usar dezenas de ferramentas práticas e testadas que capacitam equipes e organizações para ter acesso a todos os recursos de que precisam. Tenho compartilhado essas ferramentas com milhares de executivos, administradores e profissionais, em empresas como Google, Consumers Energy, General Motors, Prudential, Bristol Myers e Blue Cross Blue Shield. Neste livro, mostro como – independentemente do tipo de empresa para a qual você trabalha ou da posição que ocupa nela – você pode adotar essas mesmas ferramentas para ser mais bem-sucedido em qualquer coisa que faça. E, quando as adota, tudo é possível – até milagres.

2

Um dilema humano: é difícil pedir ajuda

Quando eu era criança, minha família viajava muito de carro. Meu irmão, minhas duas irmãs e eu íamos apertados no banco de trás de uma perua revestida com painéis de madeira e tentávamos adivinhar quanto tempo demoraria até termos que parar no acostamento porque estávamos perdidos. Quando o inevitável acontecia, meu pai pegava o mapa e estudava-o com atenção, enquanto minha mãe ficava impaciente com ele por se recusar a pedir informações a alguém.

Muita gente faz piada com essa história de que os homens nunca pedem informações (ou nunca pediam, pelo menos, antes do Google Maps), mas a relutância em pedir ajuda não é só coisa de homem. De fato, pedir ajuda pode ser chamado de "dilema humano original".[1]

Com base em pesquisas conduzidas por mim e colegas, mais de 25 anos de consultoria em negócios, além de experiência como professor, identifiquei as oito principais razões que explicam por que não nos permitimos pedir aquilo de que precisamos. Entender esses obstáculos pode dar forças para você superar, contornar ou evitar as barreiras.

1. Subestimamos a disponibilidade e a habilidade de outras pessoas para ajudar

Imagine que você está caminhando pelas ruas de Nova York quando percebe que se esqueceu de fazer uma ligação importante. Seu amigo precisa de um emprego, e conseguir essa vaga depende de você indicá--lo na próxima meia hora. Você leva a mão ao bolso ou à bolsa, pega o celular e descobre que a bateria acabou. Que lástima ter se esquecido de dar esse telefonema. Pior ainda ter se esquecido de carregar o celular. Seu coração acelera. E agora?

Que tal pedir emprestado o celular de um desconhecido? Você se sentiria confortável em fazer isso? Muitas pessoas ficam apavoradas com a simples ideia de abordar desconhecidos; imagine, então, pedir um celular emprestado. "Muito desconfortável", você pode pensar. Além do mais, quais são as chances de alguém realmente responder sim?

No final das contas, são muito mais altas do que você imagina. Foi isso que os psicólogos descobriram em um estudo conduzido na Universidade de Columbia, em Nova York (um lugar que não é exatamente conhecido pela bondade de desconhecidos).[2] Os participantes tinham que abordar desconhecidos na rua e perguntar simplesmente: "Posso usar seu celular para fazer uma ligação?" Não podiam explicar por que precisavam do aparelho ou inventar alguma história triste. Mesmo assim, para surpresa de todos, muitos desconhecidos se dispuseram a ajudar: em média, foram necessárias apenas duas tentativas para encontrar um nova-iorquino disposto a emprestar seu telefone.

Em variações dessa experiência, outros participantes tiveram que abordar desconhecidos e pedir para preencherem um questionário; ou fingiam estar perdidos e pediam para ser acompanhados até um edifício próximo. Mais uma vez, só tiveram que perguntar a dois desconhecidos, antes de um aceitar completar o questionário. E só tiveram que pedir 2,3 vezes, em média, para encontrar um desconhecido que os acompanhasse a algum lugar.

Mas aqui segue a parte realmente interessante. Antes de liberar os participantes para realizarem os experimentos, os psicólogos pediram a eles que estimassem quantos desconhecidos *eles achavam* que precisariam abordar antes de conseguir um "sim". E as estimativas ficaram muito distantes da realidade. Os participantes estimaram ser necessário pedir de 2 a 3 vezes mais antes de ouvirem um "sim" do que de fato tiveram que pedir.[3]

Finalmente, os psicólogos queriam saber o que aconteceria se o pedido fosse ainda mais complexo: dinheiro, por exemplo. Eles recrutaram voluntários da área metropolitana de Nova York que participavam do Team in Training, um programa no qual as pessoas treinam para caminhar, correr ou pedalar uma maratona ou meia maratona, ou para competir em um triatlo, a fim de angariar fundos para a Leukemia & Limphoma Society. A única condição é que eles precisavam alcançar uma meta financeira para poder participar.

Quando os pesquisadores pediram aos participantes para estimar quantas pessoas precisariam abordar para conseguir o valor estabelecido, foram previstas, em média, 210 pessoas. Mas, no final das contas, só precisaram pedir a 122. E, quando estimaram o *quanto* as pessoas doariam, imaginaram que a doação média seria de 48,33 dólares. Na realidade, as pessoas doaram, em média, 63,80 dólares.

Em todos esses estudos, vemos um padrão comum: costumamos subestimar a disponibilidade e a capacidade de outras pessoas para ajudar. Mas a verdade é que as pessoas realmente se ajudam com mais frequência do que você pode imaginar. Uma pesquisa global do Gallup descobriu que três em cada quatro americanos (73%) ajudaram um desconhecido em necessidade naquele mês; além disso, identificaram que a maioria das pessoas em mais da metade dos 140 países pesquisados fizeram a mesma coisa.[4] O Gallup estima que, no mundo todo, 2,2 bilhões de pessoas ajudaram desconhecidos em um único mês. Outro estudo de uma equipe internacional de antropólogos e linguistas descobriu que, entre 1.057 pedidos rotineiros – algum recurso, serviço ou apoio –, quase 90% foram imediatamente atendidos.[5] Esse nível elevado de ajuda foi notavelmente consistente em sociedades dos cinco continentes.

No entanto, como os participantes daqueles experimentos, muitos de nós também presumimos que as outras pessoas não estão dispostas a ajudar. Tememos a rejeição ou imaginamos que, mesmo que os outros estejam *dispostos* a ajudar, ninguém vai ter tempo ou capacidade para isso. Com frequência, observei essa crença autolimitante em eventos que mediei ao longo dos anos. É comum que alguém me puxe de lado para sussurrar: "Não vou pedir o que realmente preciso, porque sei que ninguém aqui pode me ajudar". Sempre que isso acontece, minha resposta é a mesma: "Você nunca sabe o que as pessoas conhecem ou quem conhecem até perguntar. Não julgue antecipadamente as capacidades do grupo. Simplesmente peça aquilo de que precisa". E, quando as pessoas pedem, raramente se decepcionam.

Em sua autobiografia, o renomado inventor, autor e estadista Benjamin Franklin relatou um episódio envolvendo um político rival. Franklin queria diminuir a animosidade na relação que mantinham, mas, em vez de enviar uma carta conciliatória ou um presente, ele decidiu enviar um pedido, um bilhete pedindo emprestado um livro raro que o rival mantinha em sua biblioteca.[6] O livro chegou imediatamente, e, depois de alguns dias, Franklin o devolveu acompanhado de uma nota de agradecimento. O relacionamento mudou completamente. "Quando nos encontramos novamente na Casa", Franklin escreveu, "ele falou comigo (o que nunca tinha feito antes), e com grande civilidade; e passou a estar sempre pronto para me ajudar em todas as ocasiões. Assim, nós nos tornamos grandes amigos, e nossa amizade se manteve até o falecimento dele". Com base em sua experiência, Franklin ofereceu esta máxima: "Aquele que um dia lhe fez uma gentileza estará mais preparado para fazer outra do que aquele a quem você ordenou".[7]

Uma história encantadora, mas existem evidências científicas que a respaldem? De fato, psicólogos encontraram evidências que provam sua veracidade. Um estudo descobriu que, se você faz um pedido a alguém, é provável que a pessoa ajude por entender que há um desejo de criar laços por trás da sua solicitação, isto é, existe a vontade de aproximar o relacionamento.[8] Quando isso acontece, a pessoa a quem você fez o pedido tende a se sentir mais próxima de você, o que aumenta a vontade dela de ajudar você uma ou mais vezes.

Faz sentido que, quando uma pessoa faz um favor uma vez, você se sinta encorajado a pedir outro favor. Mas o que acontece quando uma pessoa recusa seu pedido? Você faria outro no futuro? Muita gente não se atreveria. Mas, também nesse caso, você estaria se limitando desnecessariamente. Pesquisadores descobriram que as pessoas *são* propensas a atender ao seu segundo pedido, porque se sentem mal por terem recusado o primeiro.[9]

Muitas pessoas se sentem desconfortáveis para pedir um favor a pessoas que estão fora de seu "círculo mais próximo" de família e amigos íntimos. Mas, se não pedimos, subestimamos muito a capacidade de resposta de conhecidos e pessoas que não conhecemos muito bem. Pessoas apenas conhecidas são extremamente valiosas, porque são as pontes entre os círculos sociais.[10] Informações que não tínhamos, soluções para problemas e outros recursos atravessam essas pontes. Também subestimamos a capacidade de resposta dos "laços adormecidos" – as conexões que um dia tivemos, mas não mantivemos. Por exemplo, muitas pessoas não pensariam em procurar um colega de turma do Ensino Médio que não viram nos últimos 25 anos para pedir alguma dica de emprego; imaginamos que seríamos rejeitados nessas tentativas de reaproximação, ou que nosso antigo colega de turma se ressentiria por entrarmos em contato só para pedir um favor. Mas muitas pessoas do passado gostariam de ter notícias suas – e ajudar você –, de acordo com pesquisadores organizacionais.[11] O passar do tempo não apaga uma história em comum de compreensão, emoções e confiança.

Por vários motivos, reativar esses laços adormecidos pode ser profundamente recompensador. Você e seu colega de turma agora vivem em mundos diferentes, por isso conhecimento e círculos sociais não se sobrepõem mais como antes. Em outras palavras, essa pessoa sabe coisas que você não sabe e conhece pessoas que você não conhece. Laços adormecidos podem ajudá-lo de maneiras inimagináveis, mas é preciso pedir.

2. Contamos demais com a autossuficiência

Considere estas duas afirmações. Você concorda ou discorda de cada uma delas?

- "Prefiro depender de mim do que dos outros."
- "Na maior parte do tempo, eu conto comigo."

Se você concorda com as duas afirmações, está em acordo com muitas outras pessoas. A maioria dos americanos (85%) concorda com essas afirmações, como minha equipe e eu descobrimos em pesquisas representativas em quatro países.[12] A importância de ser autossuficiente é um dos poucos valores compartilhados por um número significativo de americanos: grupos separados por diferenças de educação, renda, raça, religião, ideologia política e região do país.

Em 1841, o escritor e poeta Ralph Waldo Emerson capturou a essência desse valorizado princípio humano em um clássico ensaio americano, "Self-Reliance" (Autossuficiência). Nesse trabalho, ele aconselha que as pessoas "confiem em si mesmas", não ouçam conselhos de ninguém e evitem depender dos outros. Aprendemos o valor da autossuficiência desde cedo, em casa e na escola, onde somos recompensados por realizações e conquistas individuais.

Depois, quando entramos no mercado de trabalho, a autossuficiência torna-se um motivador poderoso, algo que é visto como um sinal de determinação, ambição e produtividade. Embora haja certos benefícios em ser visto como alguém que "começou sozinho", não se deve exagerar. Se você não pede conselhos aos colegas de trabalho, perde valiosas oportunidades de aprender, crescer e se desenvolver.[13] E, se não pede a outras pessoas que ajudem você a conceber, concluir e implementar suas ideias, elas vão gradualmente se afastar.[14]

Quando falamos de autossuficiência na vida pessoal, também podemos exagerar. Por exemplo, pesquisas mostram que não procurar tratamento precoce para depressão, ansiedade e outros transtornos emocionais prolonga a duração do problema e causa recaídas mais frequentes.[15] Como podem atestar muitas mães que trabalham fora, tentar "fazer tudo" em casa (e no trabalho) as deixa exaustas, ressentidas e isoladas, e tudo isso pode causar danos sérios aos relacionamentos. A capacidade de confiar no cônjuge ou no parceiro e pedir ajuda constrói confiança, compromisso e intimidade emocional.[16]

É claro, você não quer ajuda para tudo. Ter ajuda demais pode privá-lo da satisfação de resolver sozinho um grande problema. Mas ser exageradamente autossuficiente pode, em última análise, condená-lo à frustração e, muito provavelmente, ao fracasso.

3. Percebemos que há custos sociais em pedir ajuda

Você tem medo de que pedir ajuda seja um sinal de fraqueza? Uma "parente" próxima do excesso de autossuficiência é a crença de que pessoas competentes não pedem ajuda. Psicólogos organizacionais chamam isso de "custos sociais de pedir ajuda".[17] De acordo com essa crença, se você não consegue resolver tudo sozinho, está dizendo aos outros que é fraco, preguiçoso, ignorante, dependente ou incapaz de fazer seu trabalho.

A boa notícia é que esse medo é, em grande medida, sem fundamento. Nas circunstâncias certas, pedir ajuda pode *aumentar* a percepção de sua competência, de acordo com a pesquisa de uma equipe da Universidade Harvard e da Wharton School, na Universidade da Pensilvânia.[18] Para começar, pedir ajuda sugere que você é confiante.

Transmite sabedoria (você sabe o que não sabe e sabe quando perguntar) e demonstra que você está disposto a assumir riscos. Mas, para dar uma impressão positiva, você precisa fazer um pedido *inteligente*. Pedir um conselho para resolver uma tarefa difícil vai melhorar a percepção que as pessoas têm da sua competência; mas pedir conselhos para resolver uma tarefa simples, fácil ou corriqueira vai fazer as pessoas acharem que você é incompetente ou preguiçoso. No Capítulo 4, vamos nos aprofundar nas formas de fazer pedidos significativos e importantes.

Se percebemos que há elevados custos sociais em pedir ajuda, isso significa que as mulheres − que (infelizmente) precisam sempre se esforçar mais para serem respeitadas no ambiente de trabalho e na sociedade − têm mais dificuldade de pedir ajuda do que os homens? A resposta é: depende do pedido, de quantos homens e mulheres há no grupo, da natureza da tarefa ou do trabalho, entre outras coisas. Em culturas nas quais se espera que o homem seja mais autossuficiente (e pedir ajuda seja considerado um comportamento atípico para os líderes do sexo masculino), os homens serão menos propensos a buscar ajuda em comparação com as mulheres, por receio de que sejam vistos como incompetentes.[19] Mas a pesquisa mostra que, quando homens e mulheres trabalham em equipes majoritariamente masculinas e os homens executam tarefas consideradas "masculinas" (como desenvolver uma estratégia de negociação), *homens e mulheres* têm maior propensão de pedir um feedback sobre seu desempenho.[20] Homens em grupos majoritariamente masculinos, desempenhando tarefas masculinas, são mais propensos a pedir feedback quando comparados com homens inseridos em grupos de maioria feminina, e muito mais propensos a pedir feedback quando comparados a mulheres em grupos predominantemente femininos e que realizam tarefas consideradas masculinas. Muito interessante notar que mulheres não tendem a pedir feedback quando fazem parte de uma equipe majoritariamente feminina que realiza tarefas consideradas típicas de mulheres (como desenvolver estratégias para resolução de conflitos interpessoais). Essas diferenças de gênero são reais, mas descobri que, com as ferramentas mostradas na Parte II, é possível superá-las com sucesso, capacitando homens e mulheres a pedirem aquilo de que precisam.

Cada cultura percebe o custo social de pedir ajuda de forma diferente. Uma pesquisa mostra que asiáticos, tanto em seus países de origem quanto nos Estados Unidos, são menos propensos a pedir apoio social para problemas pessoais ou feedback sobre desempenho no trabalho, em comparação aos ocidentais.[21] De início, essa descoberta parece ser contraintuitiva. As sociedades asiáticas tendem a ser coletivistas; o eu é visto como interdependente do outro, o que pode tornar mais fácil pedir ajuda. Já sociedades ocidentais costumam ser individualistas; o eu é visto como distinto e independente dos outros. Isso, como temos visto, deveria tornar os ocidentais menos propensos a pedir ajuda. Mas o contrário é verdadeiro. Por quê? Em uma cultura individualista, relacionamentos são vistos como meios legítimos para buscar objetivos individuais. Pedir ajuda na própria rede de contatos é aceitável. Pedir ajuda, e até ouvir uma recusa, não necessariamente prejudica os relacionamentos. Em uma sociedade coletivista, porém, manter a harmonia social e os relacionamentos é um objetivo primário. Haveria um custo maior em pedir ajuda se esse pedido sobrecarregasse o grupo ou fosse visto como uma tentativa de colocar o interesse individual acima dos interesses do grupo. Para preservar a harmonia do grupo, então, é preciso evitar fazer pedidos.[22]

Mas as ferramentas na Parte II funcionam tão bem em contextos asiáticos quanto em contextos ocidentais. O Círculo da Reciprocidade, por exemplo, é usado de forma eficiente e bem-sucedida em países como Coreia do Sul, China, Índia, Hong Kong, Filipinas e Cingapura, todos de cultura coletivista. O motivo é que essas ferramentas transformam os atos de pedir e ajudar em tarefas de *grupo*. Elas mudam as regras, tornando os pedidos obrigatórios. *Não* pedir seria falhar com o grupo.

Preservar a harmonia do grupo agora significa fazer pedidos – e atender aos pedidos dos outros.

Mas podemos falar em pedir ajuda *demais*? Sim, isso existe. Uma pesquisa sobre pedir ajuda revela que a relação entre buscar ajuda e o desempenho não é linear – isto é, pedir e obter mais e mais ajuda não garante um desempenho sempre melhor. Na verdade, a relação é curvilínea – uma forma invertida de U (veja a seguir).[23]

O que significa pedir ajuda "com muita frequência"? A ideia de "muito frequente" é relativa; a resposta depende, em parte, da cultura e das normas de seu local de trabalho.[24] Mas também depende da sua motivação psicológica subjacente para buscar ajuda. Psicólogos distinguem entre duas motivações: buscar ajuda autônoma × buscar ajuda dependente.[25] Os que buscam ajuda de maneira autônoma não solicitam que outras pessoas façam seu trabalho ou resolvam o problema por eles; pedem ajuda ou orientação a fim de resolver um problema por conta própria. Quem pede ajuda de maneira autônoma tem como motivação crescer e aprender. Em oposição, quem solicita ajuda de maneira dependente não acredita ter o que é necessário para solucionar algo sozinho; recorre a outras pessoas para não ter que resolver o problema.[26] Os dependentes não acreditam que podem aprender e crescer; só querem que o problema desapareça.

A chave é sempre se perguntar: *por que* estou pedindo ajuda? Isso vai me ajudar a desenvolver novas habilidades e aprender algo novo? Se a resposta for sim, permita-se pedir.

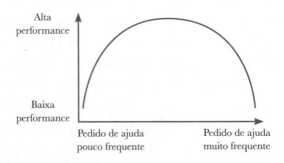

4. Ausência de segurança psicológica em nossa cultura laboral

É triste, mas, em alguns locais de trabalho, pedir ajuda pode ter consequências negativas. Esses lugares carecem de *segurança psicológica* – "uma crença compartilhada dos membros de uma equipe de que a equipe é segura para assumir risco interpessoal".[27] Quando a equipe não tem segurança psicológica, as pessoas têm medo de abordar problemas, fazer perguntas ou tomar atitudes que as façam se sentir expostas e vulneráveis (como pedir ajuda).[28] Adicione a isso a pressão por alto desempenho, e as pessoas vivem em constante estado de ansiedade, aflitas para trazer bons resultados, mas com medo de tentar algo novo ou pedir ajuda a alguém.[29]

Segurança psicológica é essencial para as pessoas terem um bom desempenho, especialmente quando as expectativas relacionadas à performance são altas. Com base em um estudo das próprias equipes, pesquisadores do Google descobriram que a segurança psicológica é a chave para a eficiência da equipe.[30] Outros fatores importam, é claro, como confiabilidade (realizar as tarefas dentro do prazo, com elevados padrões de excelência), estrutura e clareza (papéis, planos e objetivos claros), significado (o trabalho tem importância pessoal) e impacto (o trabalho da equipe importa e cria mudança positiva). Mas descobriu-se que a segurança psicológica é, sem dúvida, o fator mais importante, em parte por promover uma cultura em que as pessoas se sentem como se tivessem permissão para pedir as coisas de que precisam.

"Pedir e oferecer ajuda aos colegas é uma marca da cultura Google", diz Kathryn Dekas, gerente sênior e líder do People Innovation Lab.[31] Esses comportamentos, que variam desde um simples "Ei, posso te perguntar uma coisa?" entre companheiros de equipe em suas mesas de trabalho até responder a todas as perguntas em um grupo interno de discussão, ou mesmo formular uma pergunta direta aos líderes em eventos públicos, "são fundamentais para levar inovação aos nossos produtos". Na base de todas essas práticas, Kathryn observa que "há um sentimento de segurança psicológica, a crença de que é seguro assumir riscos e estar vulnerável diante de colegas e companheiros de equipe".

Na Parte II deste livro, vou falar sobre as ferramentas que você pode usar para ajudar a criar esse tipo de cultura em sua equipe ou organização, fazendo do ato de pedir ajuda uma norma explícita de comportamento.

5. Sistemas, procedimentos e/ou estrutura organizacional podem atrapalhar

É evidente que todos os líderes querem que sua equipe seja composta de bons cidadãos organizacionais, mas poderíamos escrever um livro inteiro sobre como sistemas formais, procedimentos e práticas inibem comportamentos como o de pedir e oferecer ajuda. Vamos analisar aqui os três obstáculos comuns: contratar a pessoa errada, incentivos conflitantes e departamentos organizacionais grandes e isolados (nos capítulos finais, vou comentar o que os líderes podem fazer para abordá-los).

Contratar a pessoa errada. Que tipo de pessoa você contrata em sua organização? Quais são os critérios usados para a seleção? Com frequência, empresas contratam tomando por base apenas talento individual, habilidades e experiência. O problema é que qualificações como essas não garantem que uma pessoa seja colaborativa, voltada para a equipe, motivada a ajudar os outros e disposta a pedir aquilo de que precisa.

Então, embora contratar com base em habilidades e talento seja importante, também é essencial levar em consideração valores e ajuste cultural. Rich Sheridan, CEO da Menlo Innovations – uma empresa de software de ponta cujos produtos são de alta confiabilidade, qualidade e centrados no usuário –, descobriu que habilidades técnicas ou específicas de software eram fracas para prever a adequação à cultura de alta colaboração na Menlo. Em seu primeiro livro, *Joy, Inc.*, Rich conta que eles procuram programadores com "boas habilidades de jardim da infância" – pessoas respeitosas, que brincam bem com as outras e compartilham.[32] Pessoas com boas habilidades de jardim da infância ajudam os outros com alegria e pedem aquilo de que precisam com liberdade.

Incentivos conflitantes. Ainda não conheci um líder que não queira criar uma cultura de generosidade. Mas, se o sistema de incentivo em sua organização reconhece apenas realizações individuais, o resultado é uma cultura hipercompetitiva, em que pedir ou oferecer ajuda não é a norma. Em extensivos experimentos de laboratório, Cassandra Chambers, da Universidade Luigi Bocconi, de Milão, e eu confirmamos que classificações competitivas e recompensas individuais têm efeito negativo sobre a cooperação.[33]

Departamentos organizacionais grandes e isolados. É inevitável que, quando uma organização cresce, ela se divida e se diferencie. Quando uma organização é pequena, todos se conhecem; a coordenação é rápida e informal. Mas o crescimento rápido transforma velozmente essa rede em uma variedade ampla de grupos desconectados, unidades, departamentos, escritórios e divisões. A globalização só agrava o problema, separando pessoas por distância, fuso horário e normas culturais.

O resultado é um estado organizacional compartimentalizado. Cada compartimento se torna uma comunidade separada, com os próprios objetivos, metas e cultura. Pedir e obter aquilo de que você precisa é um desafio nesse tipo de estrutura. A resposta ou o recurso de que você necessita está em algum lugar, quase certamente, mas parece impossível de encontrar e, então, você não procura. O resultado é que muitos recursos em sua organização são subutilizados ou sequer são utilizados.

Na Parte II, apresento ferramentas específicas que os líderes precisam empregar para construir uma cultura de dar e receber, que construa pontes entre esses compartimentos e melhore o uso e o fluxo dos recursos.

6. Não sabemos o que pedir ou como pedir

Mediei muitos eventos nos quais as pessoas eram convidadas a solicitar explicitamente alguma coisa de que precisavam e, inevitavelmente, muitos pedidos não eram atendidos. Ouço com frequência comentários como este: "Sempre quis estar em uma sala com pessoas cheias de conhecimento e boas conexões e poder pedir alguma coisa. Mas não consigo pensar em nada!"[34] Há muitas razões para as pessoas terem esse tipo de dificuldade. Não precisar de nada é uma delas. Não saber *do que você precisa* é outra. Muitos simplesmente não têm o hábito de estipular objetivos ou pensar no que precisam para alcançá-los. E, sem saber para onde vai ou do que precisa para chegar lá, é difícil fazer um pedido que o leve adiante.

A segunda razão é que, mesmo depois de saber do que precisa, você pode não saber como pedir. Um pedido mal formulado pode fazer você parecer menos competente, e é pouco provável que sirva para conseguir as respostas de que você precisa, como o especialista em análise de pessoas Nat Bulkley e eu descobrimos em nosso estudo em larga escala sobre pedir, receber e dar.[35] Muita gente parece sentir isso de maneira intuitiva. No Capítulo 4, proponho métodos para descobrir do que você precisa e como fazer esse pedido com confiança e eficiência.

7. Tememos não merecer o privilégio de pedir ajuda

Entendemos que pedir ajuda é um privilégio. E o privilégio é conquistado quando se dá algo. Essas duas afirmações são tecnicamente verdadeiras; porém, se todo mundo esperasse dar antes de receber, não haveria nenhuma doação. A saída para esse dilema é reconhecer que os atos de dar e receber são um ciclo, não uma transação de mão dupla; o objetivo é ser doador e receptor na mesma medida. Dito de outra maneira, as "contas" podem ficar em desequilíbrio em determinado momento, mas você deve equilibrá-las no longo prazo. Você não precisa acertar as contas com todo mundo; não, você deve equilibrá-las dentro da rede de pessoas com quem você interage.

Em outras palavras, devemos romper o elo entre atos individuais de dar e receber. Dar deve significar ajudar os outros de maneira generosa, inclusive, e talvez especialmente, quando não ajudaram você. E receber deve significar pedir ajuda sempre que precisar dela e aceitá-la com gratidão. Como descrevo nos próximos capítulos, existem muitas maneiras de superar essa barreira para pedir ajuda.

8. Temos medo de parecer egoístas

Relutamos com frequência em pedir ajuda porque temos receio de parecer egoístas ao buscar nossos interesses à custa de outros. Em seu best-seller de 2013 *Dar e receber*, Adam Grant, professor e líder de pensamento de gestão na Wharton School, descreve esses indivíduos como *tomadores*: pessoas dispostas a tomar sem retribuir pelo que recebem ou sem ajudar o próximo, se for possível. Tomadores, ele explica, são calculadores estratégicos; eles o ajudarão somente se acreditarem que os benefícios de ajudar serão maiores do que os custos de oferecer ajuda. Os *doadores*, porém, ajudam de maneira generosa, sem expectativas de retorno. O foco é a contribuição, o valor que criam para outras pessoas ao compartilharem tempo, conhecimento, habilidades e contatos.[36]

Conheci Adam em 2003, quando ele entrou no programa de PhD em Psicologia Organizacional na Universidade de Michigan. E a forma como começamos a trabalhar juntos é fundamental para o tema deste livro.

Alguns anos antes de Adam estudar em Michigan, minha esposa Cheryl e eu desenvolvemos a ferramenta do Círculo da Reciprocidade, que mencionei anteriormente (e sobre a qual falarei mais na Parte II). Cheryl é especialista em desenvolvimento organizacional e fundadora da Humax Corporation, que fornece ferramentas de networking social e soluções para empresas (a Humax agora é parte da nossa empresa Give and Take, Inc.). Naquela época, criamos o Círculo da Reciprocidade como um jeito simples, mas poderoso, de as pessoas terem acesso a uma ampla rede de pessoas dispostas a se ajudarem de maneira generosa. O Círculo da Reciprocidade também foi o que me uniu a Adam.

De vez em quando, conduzo uma sessão do Círculo da Reciprocidade para a equipe da universidade. Um dia me fizeram o pedido para conduzir uma sessão, mas não pude atendê-lo por causa de um compromisso assumido anteriormente. Incapaz de aceitar a ideia de simplesmente dizer não, comecei a pensar em quem poderia convidar para mediar o encontro em meu lugar. Naquele tempo, eu não conhecia Adam muito bem, mas sabia quem ele era e sabia de sua reputação de doar; ele era conhecido por estar sempre pronto a ceder seu tempo e seu conhecimento para outras pessoas. Então, decidi arriscar e perguntar se ele poderia contribuir com algum tempo para comandar o evento. Animado, ele concordou e recrutou um estudante chamado Justin Berg (na época, graduando na Michigan; atualmente, professor na Stanford Graduate School of Business) para ajudá-lo.

Esse foi um feliz encontro de mentes, e logo começamos a colaborar em uma pesquisa sobre os mecanismos psicológicos por trás do Círculo da Reciprocidade e seus resultados. Para resumir uma história longa, meu pedido inesperado levou a um rico relacionamento profissional e pessoal que durou por muito tempo depois de Adam ter se formado na Universidade de Michigan e ter se tornado professor na escola de negócios da Universidade da Carolina do Norte. Logo depois, Adam foi recrutado pela Wharton School, onde se tornou o mais jovem professor titular. Apesar de seus muitos compromissos como professor, pesquisador e, depois, escritor de best-sellers, mantivemos contato.

Enquanto isso, Cheryl e a Humax Corporation continuaram realizando o Círculo da Reciprocidade em um número cada vez maior de empresas, escolas de negócios e associações. E eu continuei usando a ferramenta em meus cursos, na educação de executivos, em pesquisas e consultorias. Quando escrevi este livro, mais de cem mil pessoas pelo mundo tinham usado essa ferramenta, em mais de uma dezena de idiomas e vinte países.

Ao longo dos anos, Cheryl, Adam e eu recebemos inúmeros pedidos de transformar os princípios do Círculo da Reciprocidade em uma ferramenta para a web ou um aplicativo, mas sempre concluímos que a atual tecnologia não estava à altura da tarefa. Mas, em 2016, a revolução digital permitiu o desenvolvimento de plataformas tecnológicas que atendiam às nossas necessidades. Cheryl e eu reunimos uma pequena equipe, levantamos o capital inicial, desenvolvemos e testamos protótipos. Adam juntou-se a nós como sócio e conselheiro e, com outros, fundamos a Give and Take, Inc. Os protótipos evoluíram para a Givitas – uma plataforma colaborativa de tecnologia sobre a qual falarei mais adiante neste livro. Em outras palavras, minha decisão de *pedir* um favor a um jovem e brilhante aluno da graduação permitiu que começássemos uma pesquisa na universidade e, em seguida, uma parceria profissional.

Nosso trabalho com a Givitas, junto com o trabalho contínuo de consultoria e pesquisa, levou a uma conclusão inevitável: convencer as pessoas a "simplesmente pedir" é o ponto crucial do problema de doar. No livro *Dar e receber*, Adam defende veementemente que ser um doador é o caminho para o sucesso no longo prazo. Mas é o seguinte: você não pode ser um doador se ninguém estiver disposto a ser um receptor. Dar e receber são dois lados da mesma moeda; não se pode ter um sem o outro. É preciso haver um pedido para desencadear o ciclo de dar e receber. Quando as pessoas não pedem aquilo de que precisam, nenhuma ajuda é dada. Neste livro, abordo o problema fundamental de fazer as pessoas pedirem aquilo de que precisam.

Nos próximos capítulos, mostro o que você pode fazer individualmente para transformar o ato de pedir em um hábito regular, alcançando o equilíbrio correto entre receber e dar. E descrevo o que você pode fazer como líder de uma equipe, unidade, departamento ou organização para criar uma cultura na qual as pessoas peçam com liberdade aquilo de que precisam *e* ajudem com generosidade umas às outras.

O processo começa com uma apreciação e compreensão da Lei de Dar e Receber. Aprendemos que é melhor dar do que receber, mas, no Capítulo 3, vou explicar por que é melhor dar *e* receber. Lembre-se: dar e receber não tem a ver com "toma lá, dá cá". É algo relacionado a uma forma superior de reciprocidade – que chamamos de *reciprocidade generalizada* –, a qual orienta o fluxo de recursos pelas redes de contato. Você também vai aprender sobre quatro estilos de dar e receber e seus prós e contras, além de fazer uma avaliação para ajudar no diagnóstico do estilo que mais combina com você. Mas, seja qual for o estilo, qualquer pessoa pode se tornar um doador generoso e um solicitante frequente usando as ferramentas e as estratégias na Parte II deste livro.

Os capítulos na Parte II oferecem ferramentas e práticas comprovadas que você pode usar individualmente, como membro de uma equipe ou organização, ou em seu papel de supervisor, gerente ou líder. O que eu chamo de "comportamento primeiro" (do inglês *behavior first*) é o princípio abrangente para essas ferramentas e práticas.[37] O jeito mais eficiente de mudar o que as pessoas pensam e no que acreditam é mudar, primeiramente, o que elas fazem. Como afirmou o especialista em mudança organizacional John Shook, "É mais fácil agir para adotar um novo jeito de pensar do que pensar para adotar um novo jeito de agir".[38]

É preciso mudar o comportamento para mudar valores, atitudes e cultura.
Fonte: "How Culture Changes", de John Shook.

A abordagem comum para estimular uma transformação individual e organizacional é focar em mudar o que pessoas pensam e no acreditam, esperando que elas percebam naturalmente o que deve ser feito e partam para a ação. Esse modelo antigo raramente funciona. É difícil mudar diretamente os valores e as atitudes das pessoas, e é ainda mais difícil mudar diretamente uma cultura. Mas, se você faz as pessoas tentarem novos comportamentos – como experimentar as ferramentas na Parte II –, elas começam então a entender o valor desses comportamentos. Com o tempo, as pessoas mudarão de atitude: passarão de "pedir ajuda é uma ideia ruim" para "pedir ajuda é essencial para o meu sucesso". E isso mudará sua perspectiva em relação à ideia de que "é melhor dar do que receber" para "A Lei de Dar e Receber é nosso princípio orientador". Resumindo, as pessoas vão mudar de mentalidade. Esses novos comportamentos, se executados de maneira consistente e repetida por um número suficiente de pessoas, podem reprogramar qualquer cultura no local de trabalho.

O Capítulo 4 trata de como começar mudanças imediatas em sua vida pessoal e/ou profissional. Você será guiado por um processo detalhado: para começar, vai descobrir do que você precisa e como transformar suas necessidades em pedidos. Em seguida, vai aprender a utilizar suas redes de relacionamentos para decidir a quem pedir.

Finalmente, vai entender como lidar com as possíveis rejeições, transformando um "não" em um novo pedido.

O Capítulo 5 aborda o nível das equipes de trabalho: como criar ambientes psicologicamente seguros, em que os membros de uma equipe podem pedir e receber ajuda. O desenvolvimento de uma equipe bem-sucedida começa com a criação do cenário para o sucesso, incluindo a seleção de pessoas propensas a ser doadoras-solicitantes; falaremos sobre como estabelecer normas que estimulem a segurança psicológica, especialmente ao pedir e oferecer ajuda. O capítulo descreve ainda como um líder pode reforçar essas normas ao colocá-las em prática em sua gestão. Além disso, o ato de doar e pedir deve fazer parte da descrição de cargo de todos os membros da equipe. Para finalizar, o Capítulo 5 descreve várias ferramentas indicadas para estabelecer rotinas de pedir e doar em equipes e grupos.

O Capítulo 6 foca o ato de pedir além das "fronteiras", isto é, as barreiras entre departamentos organizacionais ou entre nós e as redes do mundo. Pedir além das fronteiras expande a rede de doar e receber, praticamente garantindo que você encontre a resposta ou o recurso de que precisa. Nesse capítulo, descrevo práticas testadas que ultrapassam fronteiras, bem como tecnologias digitais para fazer a mesma coisa.

O Capítulo 7 enfatiza a importância de reconhecimento, apreciação e recompensas. Quando usados de maneira apropriada, eles fortalecem as ferramentas e as práticas que descrevo nos capítulos anteriores a esse. Vou explicar como reforçar o "pedir" recompensando aquele que pede, como transformar o ato de pedir ajuda em competência explícita de desempenho, e como projetar sistemas de compensação que introduzam e recompensem esforços coletivos de melhoria.

No fim deste livro, você terá aprendido o processo *All You Have to Do Is Ask* e como colocá-lo em prática em sua vida pessoal e profissional. Terá aprendido como implementar e se beneficiar da Lei de Dar e Receber – individualmente e em qualquer grupo, equipe ou organização.

Antes de seguirmos em frente, porém, quero enfatizar este ponto: este livro não é uma licença para ser um tomador. Longe disso. É um convite – e um manual explicativo – para participar da troca de recursos em nossas redes pessoais, comerciais e profissionais. Pedir ajuda é o ingrediente essencial, porque inicia o processo de dar e receber. O segredo para uma cultura de contribuição é dar a si mesmo e aos outros a permissão para pedir.

Resumo

Um pedido de ajuda dá início ao ciclo de dar e receber, mas há oito barreiras no caminho para pedir. Algumas são psicológicas, como ser muito autossuficiente ou sentir que não merece o privilégio de pedir ajuda. Algumas são crenças errôneas, como pensar que outras pessoas não querem ou não podem ajudar, ou que você pode ser visto como incompetente se pedir ajuda. Às vezes, o contexto é um problema, como locais de trabalho onde existe a sensação de que é inseguro assumir riscos, ou sistemas organizacionais, procedimentos e práticas que o impedem de pedir aquilo de que você precisa.

E, às vezes, isso pode ser tão simples – e tão fácil de resolver – quanto não saber o que pedir ou como pedir. Nos próximos capítulos, descrevo o que você pode fazer para superar esses obstáculos.

Reflexões e ações

1. Dos oito motivos que dificultam o ato de pedir ajuda, quais são os maiores obstáculos para você? Por quê?
2. Suas crenças são seus maiores obstáculos? (Razões 1, 2, 3 e 8) Se sim, continue lendo para mudar suas crenças.
3. Seu maior obstáculo é não saber o que pedir ou como pedir? Ou não ter "feito por merecer" o privilégio de pedir? (Razões 6 e 7) Se sim, atente para o Capítulo 4 e siga o conselho contido nele.

4. Seu contexto ou sua situação é seu maior obstáculo? (Razões 4 e 5)
5. Se sim, pule para os Capítulos 5, 6 e 7.
6. Mantenha um diário de desenvolvimento pessoal enquanto continua a leitura deste livro. Anote suas reflexões, ideias e atitudes. Quando estiver pronto, compartilhe com outras pessoas o que aprendeu e os *insights* que teve.

3

A lei de dar e receber

No período anterior aos Jogos Olímpicos no Rio de Janeiro, o *restaurateur* italiano Massimo Bottura teve uma ideia para não perder a enorme quantidade de alimentos desperdiçada por milhares de atletas, treinadores e funcionários que viviam e comiam na Vila Olímpica. A proposta era como usar esses alimentos para servir refeições saudáveis para a população de rua do Rio de Janeiro.[1] Ele e o chef brasileiro David Hertz fundaram uma entidade sem fins lucrativos, a Refettorio Gastromotiva, para fazer exatamente isso. Eles alugaram um terreno e construíram um restaurante que utilizava alimentos resgatados para preparar e servir mais de cem refeições por dia aos sem-teto. O restaurante continua aberto hoje em dia, anos depois da cerimônia de encerramento dos Jogos Olímpicos. Bottura criou empreendimentos semelhantes em Londres, em Melbourne, no Bronx e em muitos outros lugares.[2]

Essa iniciativa inspiradora é o exemplo perfeito de como normalmente pensamos o dar e o receber: uma transferência de recursos daqueles que têm para aqueles que não têm. Combina com o que aprendemos desde a infância: é mais nobre dar do que receber. Essa visão é exaltada em mais de vinte religiões e tradições de sabedoria no mundo.[3] Bilhões de pessoas no mundo todo doam dinheiro, tempo, ajuda e talento para ajudar os necessitados, de acordo com o estudo de engajamento global do Gallup.[4] Também vemos essa manifestação em nossas culturas; para dar um exemplo disso, nos Estados Unidos, ajudar os outros é o tema mais comum nos discursos dos calouros nas universidades.[5] Em suma, doar é amplamente reconhecido no mundo todo como uma virtude.

A crença de que dar é melhor do que receber vai além dos atos de caridade de dar comida a quem tem fome, dinheiro aos necessitados, abrigo aos sem-teto, ou ajuda às vítimas de guerra ou desastres naturais. Na profissão e nos locais de trabalho, consideramos que ajudar os outros é uma virtude – sinal de ser um bom cidadão organizacional –, mas não temos a mesma certeza sobre receber.

Concordo com o espírito de dar. Acredito que temos responsabilidade de ajudar os necessitados, e que generosidade é, ao mesmo tempo, uma virtude e uma recompensa. Mas é possível que também haja uma virtude em receber? O Fetzer Institute, uma fundação sem fins lucrativos que promove saúde e integridade individual e comunitária, articulou bem essa questão, escrevendo que "temos a tendência de atribuir e projetar todo tipo de virtudes ao doador, mas nos calamos sobre as virtudes do receptor. Todos nós já ouvimos dizer – muitas vezes – que 'é melhor dar do que receber'. À primeira vista, isso faz muito sentido. Queremos viver em uma cultura de doadores. Mas, apesar de querermos incentivar as pessoas a dar, estamos dizendo que é errado ou 'menos bom' receber?"[6]

Deixo essa questão para os filósofos debaterem. No entanto, aprendi que, embora seja generoso doar, é ainda mais generoso dar *e* receber. Os atos gêmeos são dois lados da mesma moeda. Não existe dar sem receber e não há receber sem dar. É o pedido que faz a roda começar a girar. A circulação de recursos por nossas redes pessoais, profissionais e comerciais depende tanto de pedirmos ajuda quanto de atendermos aos pedidos.

Se você pensar nas pessoas mais bem-sucedidas e produtivas que conhece, perceberá que são aquelas que ajudam os outros de maneira generosa *e* pedem aquilo de que necessitam. Adam Grant chama essas pessoas de *"otherish"* – que são aqueles que combinam a preocupação com os outros somada à preocupação com si próprios.[7] São essas pessoas que abastecem o ciclo de dar e receber.

Neste capítulo, defendo que pedir ajuda é tão importante quanto dar ajuda: é o que eu chamo de "Lei de Dar e Receber". Descrevo os quatro estilos gerais de dar e pedir, e ajudo você a compreender em que categoria se encaixa: você é um doador excessivamente generoso, um receptor egoísta, um lobo solitário ou um doador-solicitante? Essas características não são inatas, mas são escolhas que você faz quando pensa no seu papel no mundo. Na Parte II deste livro, ofereço um conjunto de ferramentas que você pode usar para mudar seu comportamento na direção desejada, e forneço diretrizes para viver a Lei de Dar e Receber.

Quatro tipos de doadores e solicitantes

Pense em dar e pedir como duas dimensões. Uma dimensão representa de baixa a alta frequência de doação; a outra representa de baixa a alta frequência de solicitação. Onde você está nessas dimensões? Para descobrir, use a rápida avaliação científica descrita a seguir.

Você também pode fazer a avaliação no site deste livro, no link <http://allyouhavetodoisask.com> (o conteúdo do site está disponível apenas em língua inglesa). Lá, você poderá ver seu resultado e comparar com outros.

Avaliação dar-receber						
A seguir, há maneiras diferentes de as pessoas pedirem e darem ajuda. Pense em suas experiências, tanto no trabalho quanto fora dele, durante o último mês. Analise com que frequência você pratica cada uma dessas ações.						
Pedir	Nunca	Uma vez por mês	2-3 vezes por mês	Semanalmente	2-3 vezes por semana	Quase todo dia	Mais de uma vez por dia
Pedi informação.	1	2	3	4	5	6	7
Pedi ajuda com uma tarefa.	1	2	3	4	5	6	7
Pedi apoio emocional.	1	2	3	4	5	6	7
Pedi conselho sobre uma questão pessoal.	1	2	3	4	5	6	7
Pedi orientação ou uma indicação.	1	2	3	4	5	6	7
Pedi patrocínio para mim ou para minha equipe.	1	2	3	4	5	6	7
Pedi a um amigo ou colega para me apresentar a alguém.	1	2	3	4	5	6	7
Doar	Nunca	Uma vez por mês	2-3 vezes por mês	Semanalmente	2-3 vezes por semana	Quase todo dia	Mais de uma vez por dia
Dei informação.	1	2	3	4	5	6	7
Ajudei alguém com uma tarefa.	1	2	3	4	5	6	7

Dei apoio emocional.	1	2	3	4	5	6	7
Dei conselho sobre uma questão pessoal.	1	2	3	4	5	6	7
Dei orientação ou uma indicação.	1	2	3	4	5	6	7
Patrocinei uma pessoa ou equipe.	1	2	3	4	5	6	7
Apresentei um amigo ou colega a alguém que conheço.	1	2	3	4	5	6	7

Pontuação: para a escala Pedir, some suas respostas nas sete questões. Em seguida, divida o total por 7 para obter a média de pontos para Pedir. Siga o mesmo procedimento para obter a média de pontos para Doar. Registre cada pontuação separadamente.

Data de hoje: _____

Minha média de pontos para Pedir: _____.

Minha média de pontos para Doar: _____.

Comparações: em nossa pesquisa com 465 trabalhadores adultos de diversos ramos de atividade profissional e cargos, a média de pontos para Pedir foi de 2,53, enquanto a média de pontos para Doar foi de 3,21. Apenas 10% desses trabalhadores adultos poderiam ser classificados como Doadores-Solicitantes, com pontuações para Pedir e Doar superiores a 4.

Aqui vão algumas questões para você pensar enquanto reflete sobre seus resultados:

1. Como suas pontuações se comparam às amostras de trabalhadores adultos?

2. Sua pontuação de Doar é maior do que 4? Por que sim ou por que não?
3. Se sua pontuação em Doar é baixa, quais atitudes específicas você pode colocar em prática para aumentar a frequência com que ajuda outras pessoas?
4. Sua pontuação para Pedir é superior a 4? Por que sim ou por que não?
5. Se sua pontuação em Pedir é baixa, quais atitudes específicas você pode colocar em prática para aumentar a frequência com que faz um pedido?

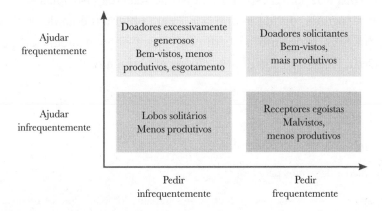

Fonte: Escala desenvolvida por Wayne Baker e Hilary Hendricks na Universidade de Michigan, maio de 2019 (Copyright © 2019 Wayne Baker e Hilary Hendricks).

Cada uma das duas dimensões é contínua, mas é útil pensar nelas segmentadas em quatro principais tipos ou estilos: doadores excessivamente generosos, receptores egoístas, lobos solitários e doadores-solicitantes. Vamos explorar cada um deles a seguir.

1. Doadores excessivamente generosos

Se você é um doador, diz Adam Grant no livro *Dar e receber*, "você simplesmente se esforça para ser generoso compartilhando seu tempo, energia e conhecimento, habilidades, ideias e conexões com outras pessoas que podem se beneficiar delas".[8] Está implícita a presunção de que, em algum momento, haverá benefícios para o doar, por mais indireta que possa ser a ajuda. Como escrevi em meu segundo livro, *Achieving Success Through Social Capital*, "praticando reciprocidade generalizada – contribuindo com outras pessoas sem se preocupar com quem vai ajudar você ou como será ajudado –, você investe em uma ampla rede de reciprocidade que estará à disposição quando precisar dela".[9]

Às vezes, porém, doadores exageram em sua generosidade. Durante sete anos, dei duas aulas por ano no Leading Women Executives, um programa sem fins lucrativos de desenvolvimento de carreira para executivas de alto nível em importantes corporações. Na minha aula sobre relacionamentos estratégicos e networking, sempre enfatizei a importância da generosidade e de contribuir com outras pessoas. E, ano após ano, muitas participantes protestavam, dizendo que já ajudavam e se doavam livremente. Muito. E se sentiam esgotadas.

Essas executivas sofriam *"burnout* de generosidade".[10] Inevitavelmente, durante nossa conversa, elas faziam alguma descoberta sobre o motivo pelo qual *nunca pediam ajuda.* Estavam tão focadas em doar que, temendo parecer fracas ou incompetentes, relutavam em refletir sobre as próprias necessidades. Mas, agindo assim, elas negavam a si mesmas o poder da reciprocidade generalizada, permitindo que sua energia fosse esvaziada e frustrando todas pessoas a quem tinham ajudado e queriam retribuir.

O papel dos doadores excessivamente generosos é sedutor. Eles podem desfrutar do que os economistas chamam de "brilho quente" de doar.[11] Deliciam-se com a admiração dos outros. O feedback positivo que recebem por suas boas ações alimenta a autoestima. No entanto, o problema é que, ao evitarem parecer vulneráveis ao revelar as *próprias* necessidades, doadores excessivamente generosos perdem ideias, informação, oportunidades, dicas, indicações e outros recursos de que precisam para ser bem-sucedidos. E isso é confirmado por pesquisas. Por exemplo, um estudo em uma empresa de telecomunicações descobriu que os funcionários que doavam muito mas não recebiam muito eram bem-vistos pelos pares, mas menos produtivos, porque não recebiam a ajuda de que precisavam.[12]

Em casos extremos, o estilo do doador excessivamente generoso produz mais do que *burnout* de generosidade – pode ser prejudicial à saúde e ao bem-estar. Dar demais e não cuidar de si mesmo é chamado de "generosidade disfuncional".[13] Um fenômeno relacionado é a "fadiga de compaixão profissional", comum entre profissionais da saúde, como enfermeiros de unidades de cuidados paliativos, que pode levar a estresse extremo, exaustão mental e física, insônia, entre outros sintomas.[14]

Se você se enquadra nessa categoria do doador excessivamente generoso, saiba que é possível mudar. Mais adiante vou sugerir algumas estratégias testadas em campo para ajudar você a começar o aprendizado de pedir aquilo de que precisa.

2. Receptores egoístas

Os receptores egoístas exageram em praticar a máxima "simplesmente pedir" e são propensos a esquecer ou negligenciar suas obrigações com as outras pessoas. Como o nome sugere, são tão focados em si mesmos que raramente retribuem a generosidade que recebem. Como um amigo meu que trabalha na IBM Consulting os descreveu: "São esponjas! Sugam tudo à volta deles e não devolvem nem uma gota!"

Receptores egoístas podem se beneficiar no curto prazo, mas, no fim, as pessoas acordam e param de ajudá-los. Da mesma forma que recompensamos generosidade, punimos mesquinharia.[15]

Não me entenda mal: em algumas situações, podemos ter que receber mais do que doar. Funcionários novos, por exemplo, podem precisar de ajuda no trabalho muito antes de poder oferecê-la. E pessoas que estão em dificuldades podem não ter alternativa, senão aceitar ajuda para se erguer. Não são essas as pessoas a quem nos referimos quando falamos sobre receptores egoístas.

A boa notícia é que até os receptores mais egoístas vão doar – nas circunstâncias certas. Experimentos controlados que conduzi com Sheen Levine, da Universidade do Texas, confirmam essa afirmação.[16] Para começar, medimos os valores básicos dos participantes em relação a dar e receber; em seguida, os colocamos em grupos de laboratório para fazer o que chamamos de "jogo de ajuda indireta" (pense em pagamento adiantado). Havia dinheiro de verdade em jogo. Controlamos se as decisões de doar eram anunciadas aos outros participantes ou decididas de forma particular. Descobrimos que as pessoas com características de receptores tinham maior propensão à generosidade quando suas atitudes eram públicas, em comparação com suas atitudes privadas. Doadores, porém, doavam de qualquer maneira.

Adam Grant e eu adotamos uma abordagem similar quando colocamos doadores e receptores juntos no Círculo da Reciprocidade. Nós fizemos uma aposta: ele achava que os receptores não doariam em nenhuma circunstância, e eu achava que, sim, eles doariam. Para descobrir, medimos os valores de doador-receptor dos participantes, os colocamos para participar do Círculo da Reciprocidade, depois contamos quantas ofertas de ajuda cada pessoa fez. Os resultados? Nós dois estávamos certos. Os receptores doaram. Mas doaram menos do que os doadores.

Por que receptores doaram? Quando a doação é feita de forma pública, eles "ganham benefícios relacionados à reputação por serem generosos ao compartilhar conhecimento, recursos e conexões", diz Adam. "Se não contribuem, parecem mesquinhos e egoístas, e não recebem a mesma ajuda para as próprias solicitações".[17] Chamo isso de "princípio do pratinho": um receptor egoísta leva um prato a um jantar colaborativo, porque não levar nada seria muito evidente, sem mencionar constrangedor. Receptores, em outras palavras, demonstram o que chamo de "interesse próprio esclarecido", o que significa que eles doam quando acreditam que, no longo prazo, é favorável para seus próprios interesses. Muitas ferramentas que apresento na Parte II deste livro são projetadas para incentivar receptores a doar, tornando público o ato de dar e receber.

3. Lobos solitários

Lobos solitários são individualistas endurecidos. Por valorizarem a autossuficiência, raramente buscam ajuda, se é que buscam. Também não são propensos a ajudar. Algumas pessoas escolhem intencionalmente o estilo de trabalho do lobo solitário, pensando (erroneamente) que o caminho para o sucesso é manter a cabeça baixa, focar em suas tarefas e seguir em frente – sozinho. Eles enxergam o sucesso como uma corrida para o topo – então, por que parariam para ajudar os outros corredores?

Lobos solitários são malvistos pois não ajudam as outras pessoas e, ao mesmo tempo, seu desempenho é prejudicado, porque eles não têm o influxo de ajuda e recursos de que necessitam.[18] Além disso, permanecendo sozinhos, eles se desconectam das pessoas no entorno. Esse isolamento social causa duplo impacto, uma vez que diversos estudos registram claramente que conexão social e capital social elevado melhoram o desempenho, enquanto isolamento e pouco capital social o prejudicam.[19]

Com frequência, esse isolamento é sintoma de um local de trabalho disfuncional. Minha esposa, Cheryl, uma vez trabalhou como analista sênior de uma associação nacional no ramo de seguro de saúde. Naquela cultura organizacional, esperava-se que todos fossem autossuficientes. Os funcionários deviam permanecer em suas mesas, quietos e sozinhos; pedir ajuda era considerado um sinal claro de incompetência e incapacidade para desempenhar sua função. Até conversas casuais eram consideradas perda de tempo. Como muitos de seus colegas, Cheryl logo se demitiu para ir trabalhar em uma organização diferente. Os líderes da associação estavam intrigados com a dificuldade que a empresa tinha para reter seus funcionários.

Além dos resultados no local de trabalho, ser um lobo solitário prejudica a saúde, a felicidade e o bem-estar.[20] Estudos descobriram até que isolamento social e solidão em pessoas idosas é um dos maiores fatores preditivos de declínio funcional e morte.[21] Entre jovens adultos, a sensação de isolamento social pode "prejudicar o funcionamento executivo, o sono e o bem-estar mental e físico".[22]

Apesar de como nossa cultura perpetua o mito do indivíduo endurecido, é melhor ser um doador excessivamente generoso, ou até um receptor egoísta, do que um lobo solitário; até um receptor é conectado, não está sozinho no mundo.

4. Doadores-solicitantes

Os doadores-solicitantes vivem e respiram a Lei de Dar e Receber. Ao ajudar, eles conquistam uma reputação de generosidade; ao buscar ajuda, recebem aquilo de que precisam para ter sucesso. Numerosos estudos mostram que esse é o equilíbrio que devemos nos esforçar para alcançar. Por exemplo, no estudo de uma empresa de telecomunicação, os funcionários mais produtivos e bem-vistos eram aqueles que ajudavam com frequência e recebiam ajuda com frequência.[23]

Empresas que vivem a Lei de Dar e Receber também colhem os bons frutos. A IDEO, uma firma de design famosa pela criatividade e inovação permanentes, deve boa parte de seu sucesso a uma robusta "cultura da ajuda", na qual trabalhadores com mais conhecimento compartilham com alegria o que sabem e pedem ajuda assim que precisam dela.[24] A Menlo Innovations, a empresa de software que mencionei no capítulo anterior, integra o dar e receber no escopo de seu trabalho. Esses exemplos são dois entre muitos que demonstram como dar *e* receber permitem que você e as pessoas à sua volta inovem, executem melhor e criem valor.

Lembre-se: a Lei de Dar e Receber não tem a ver com reciprocidade direta, do tipo: "Eu te ajudo e você me ajuda". Ela trata de ajudar outras pessoas, independentemente de elas terem ajudado você antes ou o ajudarem no futuro; tem a ver com pedir aquilo de que você precisa, quando precisa.

Isso não beneficia apenas seu trabalho, mas também sua satisfação no dia a dia e bem-estar geral. Em um estudo, Adam e eu medimos as emoções dos participantes – positivas e negativas – antes e depois de terem participado do Círculo da Reciprocidade. Descobrimos que, quando as pessoas dão *e* recebem ajuda, experimentam um aumento de emoções positivas e uma diminuição nas emoções negativas. Isso acontece porque ajudar proporciona o "brilho quente" de dar, enquanto ser ajudado produz o sentimento "quente e felpudo" de gratidão.

Atitudes de ser generoso e receber generosidade são investimentos em uma rede de dar e receber. E, com o tempo, esses investimentos vão render retornos poderosos.

Diretrizes para doadores-receptores

Aqui eu apresento quatro diretrizes para você considerar enquanto vive a Lei de Dar e Receber:

1. Dar sem impor condições; dar sem expectativas de retorno.
2. Doar livremente, mas conhecer seus limites; evitar *burnout* de generosidade.
3. Não hesitar em pedir aquilo de que precisa, mas evitar buscar ajuda de maneira dependente.
4. Adotar uma visão de longo prazo. A qualquer momento, você pode estar dando mais ou recebendo mais; no longo prazo, se esforce para ser um doador-solicitante.

Resumo

Dar e receber é um ciclo que começa com uma solicitação. A Lei de Dar e Receber determina que você deve tentar alcançar um equilíbrio entre dar e pedir ajuda. Doadores excessivamente generosos ajudam demais; o resultado é que têm sua produtividade prejudicada e passam a sofrer de *burnout* de generosidade. Receptores egoístas pedem livremente, mas negligenciam a obrigação de ajudar; não participam do ciclo de dar e receber. As pessoas que são mais bem-vistas e as mais produtivas ajudam os outros livremente e também pedem ajuda livremente quando precisam. Esses doadores-solicitantes são estimados por sua generosidade e obtêm os recursos necessários para alcançar um desempenho superior.

Reflexões e ações

1. Em que medida você pratica a Lei de Dar e Receber?
2. Em qual dos quatro tipos de doador você se enquadra e por quê? Isso ajuda você a alcançar seus objetivos?
3. Pedir aquilo de que precisa faz você sair da zona de conforto? Se sim, por quê?
4. Do que você precisa agora para resolver um problema ou progredir em uma tarefa ou em um projeto? Peça.
5. Olhe à sua volta. Tem alguém que você pode ajudar? Tem alguém precisando de ajuda? Encontre um jeito de ajudar essa pessoa. Se não puder ajudá-la diretamente, apresente-a a alguém que possa.

PARTE II

Ferramentas para pedir e receber o que você precisa

4

Comece agora: descubra do que você precisa e peça

"Você aprende a pedir ajuda."

Essa é a resposta de Ji Hye Kim quando perguntam qual foi a melhor lição sobre negócios que ela aprendeu na trajetória até se tornar sócia-gerente da Zingerman's Community of Businesses, em Ann Arbor, no Michigan.[1] Com mais de 65 milhões de dólares em vendas anuais, a Zingerman's tem uma dezena de negócios premiados no ramo de comida artesanal e hospitalidade. Mas Ji Hye (pronuncia-se "Jii-Rê") não começou a carreira no ramo de alimentação. Quando era criança em Seul, na Coreia do Sul, ela adorava a cozinha tradicional, mas nunca pensou em alimentação como uma opção de carreira. Ji Hye chegou a Ann Arbor como aluna de intercâmbio na Universidade de Michigan, onde se formou em Economia e Ciências Políticas. Depois da graduação, foi contratada por uma empresa de terceirização de recursos humanos, contabilidade e outras tarefas administrativas em Nova Jersey. O trabalho duro, a dedicação e a capacidade para aprender valeram a pena quando, apenas três anos depois de concluir a graduação, ela recebeu uma proposta de emprego com um salário de seis dígitos para ser executiva em uma empresa similar também em Nova Jersey.

Com esse começo de carreira fabuloso em administração de empresas, como e por que Ji Hye foi parar em Michigan, trabalhando no ramo de alimentação? Amor, é claro. Ann Arbor foi o lugar onde ela conheceu o homem que seria seu marido. Quando se casaram, ele ficou em Ann Arbor, no emprego de que gostava, enquanto ela continuou trabalhando em Nova Jersey, viajando todo fim de semana para vê-lo. Ji Hye tinha um bom salário, mas estava cada vez mais desiludida com o emprego e cansada de ficar longe do marido. Por fim, ela economizou o suficiente para pedir demissão, mudou-se de vez para Ann Arbor e se deu uma pausa para pensar: "O que eu *quero* fazer na vida?"

Em um fim de semana, Ji Hye e o marido deram uma festa para amigos e contrataram a Zingerman's Deli, perto da casa deles, para fazer o buffet. Ela ficou encantada com o sabor da comida e como os funcionários pareciam felizes. Nesse período, ela leu um artigo no *The New York Times* sobre o aniversário de 25 anos da Zingerman's, falando sobre a reputação internacional da empresa, sua forma única de organização, e perspectivas para criar novos negócios no ramo da alimentação. Depois que Ji Hye encontrou um artigo na *Inc.* que chamava a Zingerman's de "a pequena empresa mais legal da América", ela decidiu que queria trabalhar lá. Candidatou-se a uma vaga de emprego na *delicatessen* e na confeitaria. Quando a confeitaria a rejeitou por falta de experiências na área, ela ficou decepcionada. Mas, depois que a *deli* a chamou para uma entrevista de emprego no departamento de *catering*, contratou-a para um período de experiência e a dispensou, ela telefonou para o gerente de recrutamento. Nessa ligação, fez a primeira solicitação, entre as muitas que faria na trajetória do que se tornaria uma sociedade frutífera: "Por gentileza, você pode me dizer o que eu poderia ter feito melhor?", ela perguntou. Em seguida, acrescentou: "Porque vou me candidatar novamente". O gerente não conseguiu apontar nenhum erro específico, mas disse que se lembraria dela na próxima vez que tivessem uma vaga. E lembrou. Pouco tempo depois, Ji Hye começou a trabalhar na *deli*, ganhando nove dólares por hora, vendendo centenas de queijos e azeites de oliva do mundo todo. A Deli "foi uma grande sorte", lembra Ji Hye, "porque alimentava minha curiosidade". "Conhecer o produto" é um dos mantras da Zingerman's, e Ji Hye tinha muito o que aprender sobre produção de queijos, produção de azeitonas, química dos alimentos, produtores e fornecedores, e muito mais. Ela adorava a energia positiva na Zingerman's, e trabalhar de 30 a 40 horas semanais era como estar de férias, depois das 72 horas semanais em seu antigo emprego em Nova Jersey.

Depois de alguns anos, porém, Ji Hye começou a ficar inquieta. "Eu tinha muito tempo livre", ela recorda. Ao trabalhar na *deli*, começou a apreciar os alimentos e a gostar de cozinhar, por isso decidiu fazer experimentos culinários na própria cozinha. Ela logo aperfeiçoou a receita de bolinhos que a família preparava na Coreia do Sul e começou a vendê-los no restaurante japonês de um amigo. Ji Hye ficou sabendo do novo modelo de negócios da Zingerman's, no qual os empregados podiam propor ideias de negócios e receber o treinamento, ter as experiências e a aprendizagem necessários para ter um negócio bem-sucedido. Os aprovados podiam abrir um novo empreendimento sob o guarda-chuva da Zingerman's.

Em parceria com um colega de trabalho, ela testou algumas receitas em reuniões com amigos. As pessoas pareciam adorar a comida, mas Ji Hye sabia que ainda tinha muito a aprender sobre como administrar um restaurante. E entendia que, se quisesse ajuda, teria que pedir. Em determinado momento, ela organizou uma grande festa, fez toda a comida e pediu aos convidados para darem um feedback sobre os pratos servidos. Em seguida, voltou às receitas e as melhorou. Depois, pediu a um amigo que cuidava das degustações na Zingerman's Deli para organizar uma degustação para ela. Ji Hye pediu ao amigo que distribuísse formulários de feedback nas degustações, os recolhesse e avaliasse as respostas. Quando ficou sem dinheiro, ela procurou um dos fundadores da Zingerman's, Paul Saginaw, e pediu um cartão de crédito corporativo para pagar futuras despesas e um contador para manter as finanças em ordem. Paul concordou. "Pedir foi fácil", disse Ji Hye, "mas você tem que saber do que precisa, quais recursos existem e a quem pedir".

Durante esse tempo, Ji Hye ampliou sua rede de conexões na vibrante cena gastronômica local. A certa altura, um amigo, que era dono de um carrinho de cachorros-quentes, sugeriu que ela tentasse abrir um carrinho de comida de rua com pratos asiáticos. Ela adorou a ideia, mas não tinha mão de obra ou dinheiro para colocá-la em prática. Foi quando Ji Hye convidou Paul e o sócio dele, Ari, para trabalhar com ela. Quando os dois toparam, ela pediu que procurassem e comprassem um carrinho usado e, depois, localizassem um local em Ann Arbor onde pudesse estacioná-lo. "Eu não tinha vergonha de pedir a eles que pagassem pelas coisas", ela lembra. "Em troca, eu usaria plenamente cada oportunidade." Antes de começar o novo negócio de carrinhos de comida, Paul sugeriu que Ji Hye e sua sócia fossem à Ásia pesquisar receitas. Ji Hye pediu para a Zingerman's pagar as passagens aéreas para Japão, Taiwan, Coreia do Sul e Hong Kong, e pediu hospedagem a amigos e a conhecidos nesses países.

Quando voltaram, ela e a sócia montaram o carrinho de comida de rua. Depois da primeira temporada, sua sócia decidiu sair do negócio, e ela e Ji Hye se separaram. Ji Hye manteve o carrinho de comida por mais três temporadas. Consciente de que era hora de apostar mais alto, ela pediu para trabalhar na cozinha da Zingerman's Deli e, depois, na confecção dos sanduíches, setor em que poderia aprender a preparar comida em grandes quantidades. Ela pediu para ser aprendiz na cozinha do Zingerman's Roadhouse, um restaurante à la carte, em Ann Arbor. Finalmente, decidiu que era hora de estagiar – basicamente, um trabalho de aprendiz sem remuneração – em alguns restaurantes coreanos gabaritados. Ela encontrou um restaurante em Nova York, mandou uma carta de apresentação e não recebeu resposta. Mandou um e-mail de confirmação, mas também não foi respondida. Decidiu, então, comprar uma passagem de avião e apareceu no restaurante, onde pediu uma vaga de emprego. Eles concordaram em deixá-la trabalhar por um dia. No fim do turno, ela pediu para voltar no dia seguinte. "Se não for incomodar, estarei na cidade por duas semanas, e gostaria de voltar aqui. Posso tirar o lixo, cortar os legumes, o que quiserem. Posso vir?" Ji Hye passou duas semanas e meia no estágio.

Depois de quase dez anos na Zingerman's, Ji Hye abriu o Miss Kim, um restaurante coreano elegante. Eu e minha família comemos lá muitas vezes, e dizer que a comida é fabulosa é pouco. Foi necessário trabalhar duro e saber pedir, mas o sonho de Ji Hye, enfim, se tornou realidade.

"A coisa mais transformadora que aprendi", explicou Ji Hye, "foi que ser sócia não tem a ver com abrir mão do controle, que era a minha maior preocupação. Percebi que não sou especialista em tudo. Aprendi que isso tem a ver com ser independente e trabalhar ao mesmo tempo, dentro de uma comunidade. Tem a ver com tomar melhores decisões por ter acesso a mais informações e conhecimentos. Significa que você assume o compromisso de ser parte da comunidade, se dedicando ao diálogo, oferecendo e aceitando ajuda quando é necessário".

Em outras palavras, Ji Hye aprendeu a viver a Lei de Dar e Receber.

Como Ji Hye, você pode sonhar em ter seu próprio negócio algum dia. Pode estar no caminho para um cargo de liderança dentro de sua organização. Pode ser um funcionário novo tentando se adaptar, entender tudo e aprender o trabalho. Pode estar rumo a uma promoção, em busca de um novo emprego ou até em uma nova carreira. Você pode ser um empreendedor procurando a próxima "grande ideia". Pode estar em uma jornada pessoal de autodescoberta e desenvolvimento. Pode estar procurando maneiras novas de fazer contribuições positivas na família ou na comunidade.

Seja qual for seu caminho, algo é certo: aprender a pedir aquilo de que você precisa – seja conselho, mentoria, informação, materiais, indicações, dinheiro ou só um ouvido amigo – vai ajudá-lo a chegar mais perto do seu objetivo. Lembre-se de que as coisas de que precisamos são, frequentemente, muito mais acessíveis do que pensamos, e as pessoas costumam ser muito mais generosas em ajudar do que acreditamos. No entanto, mesmo depois de reconhecermos tudo isso, ainda hesitamos. Por quê?

Às vezes, o problema é que não sabemos exatamente do que precisamos. Podemos ter consciência de que estamos estagnados, mas não sabemos o que é necessário para entrar novamente em movimento ou ganhar velocidade. Por exemplo, quando um colega se mudou de Nova York para São Francisco para começar em um novo emprego, ele não conhecia ninguém.[2] Esse emprego o mantinha ocupado, mas ele se sentia sozinho e não sabia o que fazer sobre isso ou que tipo de ajuda procurar.

Outras vezes, sabemos exatamente do que precisamos, mas não temos ideias de quem procurar para pedir ajuda. E, às vezes, sabemos do que precisamos e quem pode nos ajudar, mas simplesmente não sabemos como pedir de forma irrecusável.

Neste capítulo, ofereço o passo a passo de um processo simples para ajudar você a decidir *o que* pedir, *a quem* pedir e *como* pedir de um jeito que prepare o cenário para receber um sim. Esse método, porém, tem como base o reconhecimento de que pedir aquilo de que você precisa é um privilégio, não um direito. Este capítulo é sobre pedir, mas personifica o espírito da Lei de Dar e Receber. Isso significa assumir o compromisso de ajudar, assim como procurar ajuda e aceitá-la.

Determinando seus objetivos e necessidades

Comece tendo o final em mente. Isto é, antes de determinar suas necessidades, primeiramente você precisa entender o que está tentando alcançar ou realizar. Ter objetivos significativos não é útil apenas quando você precisa identificar suas necessidades; é, na verdade, uma receita de satisfação e felicidade na vida.[3] Objetivos proporcionam estrutura e significado, propósito e controle. Progredir em direção à realização de objetivos significativos deixa você mais confiante. E correr atrás de objetivos, frequentemente, significa envolver outras pessoas e desenvolver relacionamentos positivos – o que produz felicidade.[4] Mas nem todos os objetivos têm a mesma raiz. Os que podem fazer você mais feliz são objetivos intrínsecos, o que significa que você vai considerá-los mais interessantes, inspiradores e energizantes, não apenas um meio para um fim.[5] Eles são autênticos, ou seja, representam suas paixões, seus interesses, seus pontos fortes e seus valores. Não são objetivos escolhidos para você – pelos pais, por pressão social, por seu chefe, por alguma ideia do que você "deveria" fazer.

Meus alunos de MBA constantemente encontram dificuldades para seguirem com firmeza em busca de seus objetivos autênticos quando procuram um emprego. Vamos pensar, por exemplo, em Lauren, uma aluna de negócios que teve excelente desempenho em Economia e Finanças.[6] Prestes a se formar, ela sentia a pressão de seus colegas para aceitar um emprego em Wall Street, embora quisesse trabalhar em uma organização sem fins lucrativos. Depois de dois anos sentindo-se infeliz em uma empresa da área financeira, ela pediu demissão e foi trabalhar em uma organização sem fins lucrativos em Washington, D.C., por um salário baixo. Depois de um tempo, voltou a estudar, fez um mestrado em Políticas Públicas e, hoje, está feliz em seu trabalho como gerente na Teach for America.

É fácil ver como se reconectar com seus objetivos autênticos pode motivar você a fazer o que for necessário para alcançá-los. Mas haverá momentos em que você precisará alcançar metas que não parecem autênticas ou com as quais não se sente comprometido. Podem fazer parte da sua descrição de cargo ou alguma solicitação do seu chefe.

Quando isso acontecer, é útil ter em mente o propósito final – isto é, o que você quer realizar no longo prazo. Um objetivo de longo prazo pode ser a promoção para um cargo mais alto na empresa. Se for bem-sucedido no projeto menos animador que seu chefe jogou na sua mesa e isso ajudar você a conquistar seu objetivo, então, você pode mudar sua perspectiva: subiu mais um degrau no caminho para sua promoção. A partir desse olhar, o trabalho imposto é mais fácil de ser realizado, porque você está comprometido com o objetivo de longo prazo, aquele que escolheu livremente: a promoção para um cargo mais alto dentro da empresa.

Quais são os objetivos mais significativos em sua vida agora? Do que você precisa para alcançá-los? Você pode ter essa resposta imediatamente. Nesse caso, vá em frente e pule para a próxima seção (isto é, *Traduza suas necessidades em pedidos SMART*). Se você não tem a resposta, propomos alguns exercícios que o ajudarão a descobrir quais são seus objetivos – e o que você precisa para chegar lá. Você pode escolher qualquer método ou todos eles – mas pode experimentar primeiro o Método de Início Rápido e seguir a partir daí.

1. Método de Início Rápido

Analise e complete os cinco começos de frase apresentados a seguir. Se não conseguir responder alguma questão, apenas passe para a próxima.

1. Atualmente estou trabalhando em

_____

_____

_____,

e preciso de ajuda para

_____

_____

_____.

2. Uma das minhas tarefas urgentes é

_____

_____

_____,

e preciso

_____

_____

_____.

3. Estou me esforçando muito para

_____

_____

_____,

e me beneficiaria de

_____

_____

_____.

4. Um dos maiores desafios em minha vida é

_____

_____

_____,

e preciso de aconselhamento sobre

_____

_____

_____.

5. Minha maior esperança é

_____

_____

_____,

e preciso

_____

_____

_____.

Chris White, diretor administrativo do Center for Positive Organizations (CPO), usou o Método de Início Rápido enquanto fazia uma transição de carreira para o setor privado, depois de dezessete anos bem-sucedidos na liderança e no desenvolvimento do Center. "Atualmente estou trabalhando na construção de um escritório de consultoria", ele escreveu, "e preciso de ajuda para decidir qual é a melhor estrutura de negócios enquanto o escritório cresce. Especificamente, preciso de ajuda para entender os prós e os contras de uma sociedade de responsabilidade limitada, de um S-Corp e de um C-Corp".[7] Uma vez identificada sua necessidade, ele percebeu que precisava conversar com alguns empreendedores de sucesso e pedir que compartilhassem suas experiências. Além disso, precisava consultar um contador para ter orientação sobre impostos; e, por fim, um advogado, para a orientação legal.

2. Articular seus objetivos

Se você completou uma ou mais frases, escolha a frase que mais o incentivou e siga para a próxima seção (isto é, *Traduza suas necessidades em pedidos SMART*). Se você teve dificuldades para completar as frases propostas no exercício, talvez precise fazer um pouco mais de trabalho braçal. Vá para a planilha de objetivos da página seguinte. Escolha uma categoria que pareça mais urgente – seja trabalho, carreira, negócios, saúde/forma física, família, espiritualidade/religião ou comunidade. Anote seu objetivo mais importante na área escolhida e siga o passo a passo a seguir.

Descreva o objetivo. Forneça detalhes concretos sobre o que pretende alcançar, e não se esqueça de incluir *por que* o objetivo é significativo e importante para você. Por exemplo, quando Larry Freed, CEO de nossa empresa Give and Take, Inc., fez esse exercício, ele escolheu "negócios" como sua categoria e "desenvolver métricas para colaboração de conhecimento" como seu objetivo. Foi assim que Larry descreveu este objetivo: "Você não pode administrar o que não mede. Queremos desenvolver um conjunto de métricas que permitam que as pessoas meçam a força da colaboração de conhecimento em um nível individual, de equipe e organizacional. Esse motivo é importante, pois vai permitir que nossos clientes melhorem a colaboração de conhecimento em suas organizações; e vai permitir que nós demonstremos o valor da Givitas".

Categoria: _____

Nome do objetivo: _____

Descrição:

Prazo: _____

Métrica: _____

Para alcançar esse objetivo, eu preciso:

1.

2.

3.

Possíveis necessidades: informação, dados, relatórios, dicas, conselhos, ideias, materiais, indicações apoio etc.

Faça cópias desta planilha se quiser trabalhar em mais de uma categoria ou mais de um objetivo.

Ao orientar as pessoas a realizar o exercício de articulação de objetivo, notei que o "por que" é sempre deixado de fora; quando as pessoas estabelecem um objetivo como "desenvolver meu negócio" ou "passar mais tempo com minha esposa ou meu marido", acham que o "por que" está implícito. Mas a verdade é que, às vezes, nem nós sabemos qual é a nossa razão até tentarmos articulá-la.

Refletir sobre o motivo é fundamental, porque dá clareza sobre o objetivo, e pode servir para lembrar por que o objetivo é tão significativo e importante. Isso se torna uma fonte de energia e motivação para você, além de energizar e animar as pessoas com quem você a compartilha. No mesmo sentido, refletir pode ajudar você a perceber que o objetivo pode não ser tão autêntico para você, e que a melhor atitude é abandoná-lo.

Estabeleça um prazo para o objetivo. Escolha um prazo máximo até quando espera alcançar ou realizar seu objetivo. Mesmo que a data seja só um desejo ou o melhor cenário possível, escrevê-la o obriga a pensar no processo. Você pode descobrir que o objetivo seria menos intimidador se fosse dividido em passos ou objetivos intermediários. Larry escolheu o dia 1º de maio, doze semanas depois de ele ter preenchido a planilha de objetivos. Foi um prazo ambicioso, mas possível.

Escolha uma métrica. Finalmente, você precisa de uma métrica – uma medida objetiva que vai lhe mostrar claramente se alcançou seu objetivo na data determinada. Caso contrário, é como disputar uma corrida sem linha de chegada – você nunca sabe se ganhou ou não. Larry especificou duas métricas relacionadas para esse objetivo: ter criado um sistema de mensuração para a Givitas que a) funciona em diferentes tamanhos e tipos de organizações; e b) pode fornecer valor aos nossos clientes, permitindo que suas organizações criem uma marca de referência em comparação a outras.

Determine suas necessidades. Depois de nomear, descrever, estabelecer um prazo e atribuir uma métrica ao seu objetivo, o próximo passo é determinar quais recursos você precisa para alcançar ou fazer progressos significativos nessa realização. Por exemplo, Larry precisava recrutar diversas organizações para usarem o Givitas, de modo que ele tivesse um grande e diversificado conjunto de dados com o qual desenvolver a métrica da nossa empresa. Ele especificou o número, os tipos e os tamanhos das organizações que, mais tarde, convidaria para participar.

Vale a pena notar que os recursos surgem de muitas formas, desde os tangíveis (como um recurso material ou empréstimo) até os intangíveis (como uma indicação ou apresentação a alguém). O que você precisa depende do que está tentando realizar. Aqui vão alguns exemplos. Note, porém, que eles não esgotam todas as possibilidades do que você pode pedir.

- **Informação:** fatos, conhecimento ou dados sobre algo ou alguém. Exemplos: (1) "No trabalho, nosso objetivo é recriar ou incentivar um plano para torná-lo mais efetivo. Alguém tem informação sobre planos de incentivo efetivos?"[8] (2) "Estou desenvolvendo um novo algoritmo para otimizar os preços de atacado para vendas aos nossos consumidores, e preciso de dados sobre o histórico de preços para testá-lo e refiná-lo."
- **Conselho:** uma opinião especializada ou informada sobre o que deveria ser feito a respeito de um assunto, problema, pessoa ou situação em particular. Exemplos: (1) "Não estou indo a lugar algum no emprego ou na carreira, e preciso de conselhos de qualquer pessoa que já tenha estado estagnada e descobriu como se libertar e seguir em frente." (2) "Depois de trinta anos, estamos nos aposentando e vendendo a empresa. Precisamos de conselhos sobre como fazer essa venda, obstáculos a evitar e como estipular um preço."
- **Recomendação:** indicações de uma pessoa, lugar, coisa etc. Exemplos: (1) "Estamos substituindo nosso programa de desenvolvimento de administração interna e pessoal por uma plataforma digital, para que os funcionários possam participar no próprio ritmo. Pode me recomendar alguma plataforma que seja efetiva?" (2) "Estou me candidatando a uma vaga de emprego. Poderia escrever uma carta de recomendação para mim?"
- **Indicação:** conectar pessoas para que obtenham informação, aconselhamento, serviços etc. Exemplos: (1) "Estamos planejando nossa conferência anual com todos os funcionários. Pode me indicar alguns palestrantes que sejam especialistas nos

tópicos de liderança, dinâmicas de equipe, desenvolvimento de carreira ou temas relacionados?" (2) "Minha filha está com dificuldades no colégio e acho que ela pode ter algum transtorno de aprendizado. Preciso de indicação de um especialista na área, alguém que possa fazer uma avaliação profissional."

- **Recursos financeiros:** dinheiro, compromisso com orçamento, empréstimo, doação, concessão, contribuição para caridade etc. Exemplos: (1) "Nossa equipe fechou o orçamento para o ano que vem, e precisamos de 10% acima do orçamento do ano passado se quisermos atingir nossas metas de vendas. Estamos buscando fundos extras." (2) "Nossa companhia criou um fundo para apoiar empregados interessados em pesquisa ou patentes. O dinheiro é uma concessão, não um empréstimo que tem que ser devolvido. Estamos procurando interessados."

- **Recursos humanos:** equipe assalariada, diaristas, ajuda temporária, estagiários, voluntários etc. Exemplos: (1) "Vamos criar um segundo turno na nossa linha de produção e precisamos contratar novos funcionários com experiência na área." (2) "Com duas pessoas na equipe prestes a entrar em licença por curto período, precisamos contratar funcionários temporários para substituí-las."

- **Participação:** recrutar pessoas para se juntarem a um grupo, prestigiarem um programa ou uma atividade. Exemplos: (1) "Estou me preparando para o CFA L1 (Chartered Financial Analyst Level 1, isto é, um programa de pós-graduação) em junho. Se alguém se interessar e quiser se juntar para estudar e/ou discutir/revisar para a prova, é só me avisar." (2) "Estamos montando uma força-tarefa para tratar do problema dos produtos defeituosos em nosso processo de manufatura. Quer participar?"

- **Recursos físicos:** materiais, suprimentos, espaço físico, escritórios, fábrica, equipamento e assim por diante. Exemplos:

(1) "Estou prestes a contratar um prestador externo para fazer uma análise química. Em vez disso, procuro um laboratório em nossa companhia que possa fazer a análise, o que seria uma opção mais barata." (2) "Estamos sem espaço por causa de todos os novos contratados. Assim, precisamos de espaço extra para os escritórios. Espaço modular ou temporário seria bom."

Seja específico em relação à sua necessidade, seja ela qual for. Depois, siga para *Traduza suas necessidades em pedidos SMART*.

3. Sua visão

Apliquei o Método de Início Rápido e a Planilha de Objetivos com centenas de pessoas e vi como são efetivos para dar clareza àquilo de que você precisa. Se você concluiu um deles ou ambos, está pronto para traduzir suas necessidades em solicitações. Porém, há mais uma abordagem poderosa para definir seus objetivos: visualização. Isso toma mais tempo do que os outros dois métodos, mas muitas pessoas descobriram que esse passo extra compensa o investimento de tempo e reflexão.

Visualização é um método para determinar o resultado que se pretende. Não tem a ver com *como* você vai alcançar um objetivo (vamos chegar nisso logo), mas com *o que* o sucesso se parece. Não é uma declaração de missão ou um plano estratégico; não é uma frase curta, um slogan ou um lema.

De certa forma, uma visão é uma história. Não no sentido de fantasia ou ficção, mas de exigir imaginário e imaginação. Não se trata de querer que alguma coisa aconteça, mas de esclarecer o que você pretende fazer acontecer. De maneira típica, uma visão é escrita como uma narrativa, no tempo passado (embora seja sobre uma data futura). Você pode criar uma visualização para sua carreira ou vida pessoal, para um novo projeto, produto ou para uma empresa inteira. Tenho visto visualizações para praticamente tudo – férias de família, planos de aposentadoria e muito mais.

Por exemplo, quando entrei para a diretoria do departamento da Management & Organizations (MO), na Ross School of Business, uma das primeiras coisas que fizemos foi escrever em conjunto uma visualização detalhada para o departamento, descrevendo como o queríamos em um prazo de cinco anos. A visualização abrangia quatro áreas: intenso trabalho de pesquisa, excelente ensino, um ótimo lugar para trabalhar e ser uma parte ativa de nossas comunidades.

A ideia e a prática de visualizar surgiram com Ron Lippitt, cientista social do Institute for Social Research, da Universidade de Michigan. Naquela ocasião, ele lhe deu o nome de "futuro preferido".[9] Ao estudar muitas equipes reais, Ron observou um padrão comum: as equipes que imediatamente identificavam problemas e debatiam soluções perdiam energia rapidamente e não faziam muito progresso. Ele, então, fez uma experiência. Pediu a algumas equipes para desenvolverem visões do futuro positivo que queriam. Ter essa imagem mental de como seria o sucesso em uma data futura – e do processo para criá-lo – aumentava a energia, a animação e a motivação. Isso os capacitava para lidar com os problemas atuais e fazer progressos mais significativos.

Aprendi que a visualização também deve ser (1) inspiradora, (2) estrategicamente sólida, (3) documentada e (4) comunicada.[10] "Comunicada" representa o momento de pedir ajuda. Quando você compartilha seu objetivo, está pedindo ajuda para alcançá-lo. Quando as pessoas sabem aonde você está tentando chegar, é surpreendente a prontidão com que oferecem ideias, sugestões, contatos e outros recursos para ajudá-lo a chegar lá.

Traduza suas necessidades em pedidos SMART

Estávamos no verão anterior ao meu 10º aniversário de casamento. Na época, eu e minha esposa éramos fãs de *Emeril Live*, um popular programa de culinária estrelado pelo famoso chef de cozinha, restaurateur e autor de livros de gastronomia Emeril Lagasse. Cada episódio era gravado em estúdio, diante de uma plateia, e os participantes nas primeiras fileiras podiam provar os pratos de Emeril. Uma noite, enquanto assistíamos ao programa, perguntei à minha esposa o que ela gostaria de fazer para comemorar nosso aniversário de casamento. Sem hesitar, ela respondeu que gostaria de participar de uma gravação do *Emeril Live*. Engoli em seco, temendo ter dado um passo além de minhas possibilidades. Na minha cabeça, era mais provável ganhar na loteria e ser atingido por um raio no mesmo dia do que conseguir lugares na plateia daquele programa.

Para ter alguma chance de conseguir dois ingressos, eu teria que pedir ajuda. Mas como? Meu primeiro passo foi traduzir essa necessidade em um pedido. Embora eu ainda nem imaginasse a *quem* pedir ajuda para realizar essa missão, precisava começar decidindo *como* pediria.

Um pedido bem formulado atende aos critérios SMART: específico (*specific*), mensurável/significativo (*meaningful*), atingível/orientado para a ação (*action-oriented*), realista (*realistic*) e com prazo determinado/temporal (*time-bound*).[11] Eu defino M (*meaningful*) como "significativo", porque explicar o motivo de um pedido o deixa mais forte. Você também pode ter ouvido A como "atingível"; eu prefiro definir como "orientado para a ação", porque é a partir da ação que você consegue o recurso necessário para alcançar um objetivo ou progredir em sua realização.

Específico. As pessoas sempre pensam que fazer pedidos amplos e generalistas é efetivo, pois amplia o leque de possibilidades. Na verdade, um pedido específico pode gerar mais retorno do que um pedido vago. Oferecer detalhes do que você quer faz com que as pessoas pensem no que e em quem elas conhecem. O contrário acontece quando você faz um pedido generalista. O pedido mais vago que já ouvi foi feito em um evento coordenado por mim. Um executivo holandês pediu por "informação". Só isso. Uma palavra. "Informação." Quando pedi mais detalhes, ele respondeu: "Isso é tudo que posso dizer.

É confidencial. Preciso de informação". Não fiquei surpreso ao saber que ele não recebeu nenhuma ajuda naquele dia (embora tenha oferecido ajuda aos outros).

Significativo. Por que o pedido é importante para você? Quando os outros sabem *por que* você está pedindo, sentem-se mais motivados a responder. Sentem empatia por você. Infelizmente, as pessoas comumente ignoram esse critério quando fazem um pedido. Presumem que a importância do pedido é evidente ou óbvia. Mas nunca, ou quase nunca, é. Você deve explicar o motivo de o pedido ser significativo e importante *para você*.

Quando planejei pedir os dois ingressos para o programa de TV, sabia que precisava explicar o porquê de esses ingressos em particular serem tão significativos e importantes. Não era um solicitação do tipo: "Ah, não seria incrível ver uma gravação do *Emeril?*" Um pedido que inclui uma explicação convincente motiva as pessoas a responder. Fornece energia e inspiração. O *porquê*, diz Simon Sinek, inspira as pessoas à ação.[12]

Em algumas situações, o *porquê* não tem a ver apenas com o que é significativo para você. Por exemplo, se você está fazendo um pedido ao seu chefe, como essa solicitação se enquadra em seus objetivos, metas e prioridades? Como seu pedido atende aos interesses maiores da organização? Se você é um empreendedor buscando investidores, não diria simplesmente que quer 1 milhão de dólares; você explicaria por que está em busca de capital, que problema você/sua empresa está solucionando, por que você é a pessoa certa para resolvê-lo e por que esse investimento vai render dividendos para todos os envolvidos. Seja qual for sua solicitação, não deixe de considerar o contexto e tornar o "por que" em algo além de você mesmo.

Orientado para a ação. Um pedido não é igual a um objetivo. Um objetivo é um estado final, um destino. Um pedido é um chamado à ação no caminho para o destino. As pessoas frequentemente cometem o engano de estabelecer objetivos ou descrever uma situação e presumir que os outros saberão, intuitivamente, que atitudes devem ser tomadas. Raramente é assim. Em um evento de treinamento profissional a que compareci, um participante disse que sua solicitação era para "ajudar a mudar de carreira, da área de finanças para a de marketing". Mas ninguém sabia ao certo do que ele precisava. Queria alguém para dar uma indicação? Precisava de conselhos sobre a mudança? Só depois de muito questionamento, o grupo entendeu que essa pessoa desejava sentar e conversar com alguém que trabalhasse na área de marketing, de forma que ele pudesse ter uma noção melhor de como era a carreira.

Realista. Sua solicitação pode ser grande ou pequena, mas tem que ser realista. Não estou dizendo que você deve pedir apenas quando tem certeza de que pode ser atendido; estou dizendo que o pedido tem que ser estrategicamente sólido. Pense no meu pedido de dois ingressos para o *Emeril Live*. Era difícil, mas possível (duas passagens para a Lua, porém, não seria um pedido realista).

Prazo determinado. Todo pedido deve ter um prazo para ser realizado. Como alguém poderia ajudar com os dois ingressos, por exemplo, sem saber para quando eu precisava deles? Muitas pessoas não gostam de estabelecer uma data-limite para seus pedidos, porque temem parecer exigentes demais. De acordo com minha experiência, porém, esse medo é infundado. Na verdade, as pessoas preferem um prazo, porque assim podem avaliar se podem ou não ajudar, ou porque terão tempo para tentar conseguir o objeto da solicitação. Prazos vagos como "em algum momento deste trimestre" ou "no ano que vem" convidam à inatividade ou à procrastinação; não motivam as pessoas a responder. Se seu pedido for urgente, fale. Mas, mesmo que não seja urgente, você ainda precisa determinar uma data final.

Tudo tem a ver com redes: descobrir a quem pedir

Quando você sabe do que precisa e imaginou o que precisa pedir, o próximo passo é decidir a *quem* pedir. Às vezes, você sabe exatamente quem é a pessoa certa e pode direcionar seu pedido, mas, outras vezes, é preciso fazer algum esforço. A chave é descobrir "quem sabe o quê" (às vezes, isso é chamado de "rede de conhecimento") e "quem conhece quem" (a "rede social")[13] a fim de encontrar alguém que tenha a expertise ou o recurso de que você precisa – ou que possa identificar e indicar a você alguém que os tenha.

Geralmente, quando precisamos de algo, começamos pelos conhecidos. Mas, embora recorrer ao pequeno círculo de amigos possa fazer você se sentir confortável, a realidade é que muitos recursos estão fora do seu círculo. Com relação a ideias e informação, corremos o risco de incorrer no pensamento em grupo e na conformidade de opinião quando contamos apenas com nosso círculo de conexões próximas.

Ir além do seu círculo mais próximo pode parecer um pouco assustador. Com tanta gente no mundo, por onde *começamos* a procurar alguém com acesso ao recurso ou à informação específica de que precisamos? Um ótimo lugar para começar é perto de casa – ou melhor, perto do trabalho –, consultando os perfis dos funcionários da sua empresa e bancos de dados de conhecimento (pequenos resumos de expertise dos membros), ou estudando o perfil dos colegas no LinkedIn.[15] Depois disso, você pode expandir a busca para blogs do ramo, como o blog *Manufacturing Innovation*, do Instituto Nacional de Padrões e Tecnologia, desenvolvido pelo Departamento de Comércio dos Estados Unidos, ou o blog *Harvard Business Review* (ambos em inglês). Considere também a possibilidade de procurar associações ou sociedades profissionais, como a Society for Human Resource Management ou a National Academies of Sciences, Engineering, and Medicine.

Quando encontrar a pessoa que talvez possa ajudá-lo, faça contato, mesmo que seja uma conexão muito distante (como o amigo de um amigo) ou um total desconhecido. O diretor europeu de uma empresa de serviços profissionais descreveu a época em que ele se preparava para captar um novo cliente na Europa e precisava de informações.[16] Ele pediu apoio à equipe e a outras pessoas de seu escritório, mas ninguém tinha a informação necessária. Então, ele consultou os dados da base de conhecimento da empresa, encontrou uma pessoa na Austrália que havia trabalhado com esse cliente e ligou para ela – embora não se conhecessem. O australiano respondeu prontamente e eles organizaram uma videoconferência para as duas equipes no dia seguinte. Pensando sobre esse acontecimento, o diretor disse: "Quando preciso de informação, espero poder recorrer ao sistema, à companhia como um todo, e obter uma resposta... você tem reciprocidade no sistema".[17]

Laços adormecidos – como antigos colegas de trabalho ou de escola, professores, amigos antigos e até amigos do Facebook com quem você não tem contato há anos – são outras fontes de ajuda que costumam ser esquecidas. As mídias sociais permitem que você reative com facilidade relações mais antigas. Essas conexões podem ser como um portal para um mundo inteiramente novo de conexões sociais e conhecimento. Uma pesquisa mostra que, embora executivos prefiram o conforto de fazer pedidos a pessoas com quem mantêm relacionamentos ativos, laços adormecidos são, na verdade, os recursos mais valiosos de ajuda, porque seus conhecimentos e redes não se sobrepõem mais como antes.[18] Não se esqueça de recorrer também aos seus laços adormecidos, não apenas aos contatos atuais.

Se você esgotou todas essas conexões e ainda está emperrado, é hora de passar para as conexões de segundo grau. Quando meu filho estava no Ensino Médio, ele entrou para a equipe de atletismo. Queria aprender a arremessar peso e disco e, por isso, me pediu para encontrar um treinador particular. Eu não conhecia ninguém com essas habilidades específicas, mas conhecia uma aluna do quinto ano da Universidade de Michigan que era membro da equipe feminina de corrida de *cross-country* e havia feito um dos meus cursos. Imaginei que ela conhecesse arremessadores da equipe da universidade, então mandei um e-mail para ela pedindo essa informação. Em 48 horas, ela me colocou em contato com um recém-formado que era um arremessador premiado. Uma semana depois, ele estava treinando meu filho.

O especialista e líder em inovação Jeff DeGraff usa regularmente sua abordagem de duas formações quando busca recursos para a Innovatrium, um laboratório de ideias, instituto de inovação e comunidade para inovadores. Esse espaço existe, em parte, para permitir que as pessoas tenham acesso a uma ampla e diversa gama de especialistas para seus projetos e trabalhos. "É comum não sabermos quem é o especialista", explicou Jeff, "mas sabemos a quem pedir para *achar o especialista*". De fato, Jeff e seus colegas usaram esse processo com sucesso notável mais de 180 vezes em um único ano.[19]

Em um caso, Jeff ajudava uma das maiores indústrias farmacêuticas do mundo a recriar seu processo de descoberta de medicamentos. Esse processo é extraordinariamente complexo e altamente regulado, o que significa que eles "precisavam encontrar alguém que entendesse do atual processo para descoberta de medicamentos, todos os obstáculos e caminhos sinuosos, além de tecnologias e metodologias emergentes que poderiam ser usadas para contorná-los", disse Jeff.[20] Ele, então, telefonou para um antigo amigo no escritório de desenvolvimento da universidade, alguém que trabalhava no laboratório da Faculdade de Farmácia, e explicou exatamente do que precisava. O amigo de Jeff promoveu imediatamente um encontro entre Jeff e um jovem professor chileno que havia criado um método experimental para descobrir novos compostos. O professor aceitou prontamente o convite para ir à Innovatrium e discutir sua pesquisa com os cientistas sêniores da companhia farmacêutica.

Intuitivamente, faz sentido que, quanto mais pessoas conheçam suas necessidades, mais provável seja você encontrar alguém que conheça alguém que pode ajudar. Esse foi meu caso com o programa *Emeril*. Lembre-se, no começo eu nem imaginava a quem pedir. Não só não conhecia ninguém com acesso aos ingressos, como sequer conhecia alguém que conhecesse alguém que tivesse acesso aos ingressos! Logo, porém, uma oportunidade de ouro caiu no meu colo. Três meses antes do meu 10º aniversário de casamento, eu daria uma sessão de orientação sobre construção de capital social para a turma que começava o MBA da escola de negócios da Universidade de Michigan. O evento aconteceu no complexo esportivo de Palmer Field, na própria universidade, onde mais de 550 alunos se reuniram em tendas enormes para ouvir as palestras em telões imensos. Bem, eu pensei, se havia uma chance de fazer meu pedido para uma plateia grande e atenta, o momento era esse! Durante o evento, fiz meu pedido pelos telões, explicando toda a história – que éramos grandes fãs do programa e como, em uma noite, quando assistíamos a um episódio, perguntei à minha esposa o que ela gostaria de fazer no nosso aniversário. Então, fiz o pedido para ir ao *Emeril Live* a tempo de comemorar nosso aniversário.

Nem eu consegui acreditar no que aconteceu em seguida. Durante a tarde, vários alunos se aproximaram de mim com alguma dica. Um estudante tinha um amigo que namorava a filha de Emeril e se ofereceu para me colocar em contato (é verdade, mas eles terminaram o namoro logo depois, e a conexão não aconteceu). Outro aluno e a esposa eram amigos do produtor do segmento de Emeril no *Good Morning America*, do canal ABC, onde, de vez em quando, Emeril apresentava um quadro de culinária. Esse aluno me apresentou por e-mail ao produtor, que, com muita solicitude, organizou tudo para encontrarmos Emeril em pessoa.

Viajamos de Detroit para Nova York, passamos a noite em um hotel e, na manhã seguinte, pegamos um táxi para os estúdios da ABC, onde conhecemos Emeril no estúdio. Ficamos encantados com sua simpatia e simplicidade (e até vimos a atriz Glenn Close, que era uma das convidadas do programa). Tudo bem, não era o *Emeril Live*, pensei, mas estávamos tão perto disso quanto poderíamos desejar. Então, quando nos preparávamos para sair do estúdio, o produtor de Emeril nos chamou. Ele tinha dois ingressos VIP para o *Emeril Live* daquela noite. Então, fomos à gravação, e como convidados de Emeril!

Quando eu achava que não podia ficar melhor, soubemos que ele gravaria naquela noite o programa do próximo Dia dos Namorados (Valentine's Day, que nos Estados Unidos é comemorado em 14 de fevereiro). Eu decidi que, durante o programa, surpreenderia minha esposa com um presente ou um anel. Nosso momento foi capturado pela câmera e, além de ir ao ar como parte do programa, foi feito um breve clipe mostrando o nosso abraço, o que se tornou o trailer do programa especial de Dia dos Namorados por dois anos consecutivos.

Não poderia ter sido uma comemoração de aniversário mais perfeita. Nem um exemplo mais perfeito de como, quando pedimos, coisas incríveis podem acontecer.

Mas e se você não tem a oportunidade de falar diante de centenas de alunos de MBA bem relacionados, como eu fiz? Aposto que ainda teria oportunidades. Talvez possa fazer seu pedido em uma reunião de equipe, ou compartilhá-lo com um grupo de sua comunidade. E, por sorte, vivemos em uma era repleta de tecnologias digitais, que fornecem acesso a grandes plateias. Há, inclusive, inúmeros sites para perguntas e respostas, como o Quora (público em geral, todos os assuntos) ou Stack Exchange (para programadores e desenvolvedores de software). E há, ainda, plataformas como Nextdoor (uma plataforma de rede social baseada em vizinhanças), Task-Rabbit (um mercado on-line para pessoas que buscam apoio para as tarefas diárias), HomeAdvisor (mercado digital para encontrar profissionais de manutenção e melhoria doméstica habilitados), Upwork (mercado global para serviços de freelancers, como web design, edição de texto e programação), e muitos outros portais para especialidades e serviços. Muitas empresas trabalham com plataformas de trocas de mensagens, como Yammer, Jive, Slack ou Chatter, que facilitam o acesso a inúmeros funcionários ao mesmo tempo (embora essas plataformas funcionem melhor quando o grupo ou a empresa são pequenos, ou já conte com uma cultura positiva na qual seja psicologicamente seguro fazer solicitações). Nos capítulos a seguir, indico outras plataformas de tecnologia colaborativa e ferramentas que funcionam muito bem.

Fazer solicitações: a arte de pedir

Você determinou suas necessidades, traduziu-as em solicitações SMART e identificou a quem pedir. Agora, é hora do show! Mas, antes, você tem algumas escolhas a fazer. Se vai fazer um pedido a uma pessoa específica, você solicita uma reunião, marca um encontro ou só aparece? Manda uma mensagem de texto, telefona ou envia um e-mail? E-mails e textos são importantes, mas é fácil superestimar sua efetividade. De fato, uma pesquisa mostra que um pedido feito pessoalmente é 34 vezes mais efetivo do que uma mensagem de e-mail.[21]

Você pode simplesmente tentar encontrar a pessoa. Por exemplo, depois que concluí meu PhD na Universidade Northwestern, arrumei um emprego em uma empresa de consultoria de gestão em Washington, D.C., na qual era possível se reunir com os sócios sêniores. Logo descobri que, se calculasse bem o tempo, poderia encontrar um deles no elevador, acompanhá-lo até o primeiro andar e, depois, até seu carro na garagem. Durante esses minutos, tinha sua atenção total e podia apresentar qualquer pedido.

Nesse caso, eu podia pedir pessoalmente, de forma rápida, informal e casual. "Ei, posso fazer uma pergunta?"; "Pode verificar uma coisa para mim?"; "Sabe onde posso encontrar X?"

Também é possível fazer um pedido por meio de uma apresentação formal, no caso de um empreendedor que procura um investidor em potencial; ou via relatório escrito, no caso de um administrador que faz uma solicitação formal de orçamento. Ou algo entre um e outro. Fazer um pedido é mais arte do que ciência; cabe a você decidir como, onde e quando. A seguir, descrevo algumas diretrizes gerais que você pode adaptar para sua situação, seu pedido e pessoa ou grupo a quem está recorrendo para pedir ajuda.

Onde:

- Adapte o estilo de comunicação e a mídia preferida de sua plateia. As pessoas preferem comunicação verbal ou escrita? Se for verbal, elas preferem interagir pessoalmente, por um telefonema ou uma conferência de vídeo? Se escrita, preferem mensagem de texto, e-mail, LinkedIn ou um documento impresso?

Quando:

- É melhor fazer o pedido quando a pessoa pode ouvir a sua solicitação e considerar a resposta com muita atenção. Por exemplo, seja sensível à situação, às responsabilidades e à carga de trabalho das pessoas. Se estiverem estressadas, trabalhando com um prazo curto ou passando por dificuldades na vida pessoal, espere um momento melhor para pedir.

Como:

- Use os critérios SMART (específico, significativo, orientado para a ação, realista e com prazo determinado). Fale de cada um desses componentes, mesmo que rapidamente.
- Seja direto e autêntico. Não comece se desculpando, como "Desculpe por perguntar, mas..." Não diminua a importância do pedido. Diga "Isso só vai levar um momento..." apenas quando realmente for levar um momento. Não use pegadinhas psicológicas, como "Você sabe que eu faria isso por você, e sei que vai fazer isso por mim..."
- Aceite um não com elegância, mesmo que ele seja dado de maneira deselegante.
- Aceite uma resposta positiva com reconhecimento e gratidão.
- Encerre o ciclo informando à pessoa o que aconteceu depois de você ter recebido a ajuda solicitada. Qual foi o desfecho ou o resultado?

Transformar um "não" em um novo (bem-sucedido) pedido

Como vimos no Capítulo 1, as pessoas são mais propensas a responder um "sim" para os seus pedidos do que você pensa. Mas, de vez em quando, você vai ouvir um não. E aí? O que um "não" realmente significa?

Vamos pensar na história de Jia Jiang, um jovem imigrante de Pequim, na China, que queria ser o próximo Bill Gates. Aos 30 anos, ele se demitiu de um emprego com salário de seis dígitos em uma empresa da lista da *Fortune 500* para fundar uma startup. Ele tinha certeza de que essa empresa criaria o próximo aplicativo de sucesso.[22] Jiang utilizou o dinheiro que poupou a vida toda, contratou engenheiros de software e começou a construir protótipos. Quatro meses depois e com o dinheiro acabando, Jiang procurou um investidor que havia se interessado no projeto anteriormente. Pouco tempo depois, ele recebeu uma resposta por e-mail. O investidor não tinha mais interesse. A resposta era não.

Jiang ficou tão arrasado com a recusa que precisou se esforçar para seguir em frente. Sabia que havia muitos outros investidores pelo mundo, mas estava tão inseguro e atormentado com dúvidas sobre seu projeto que não conseguiria lidar com outra rejeição. Com o tempo, ele acabou percebendo que seu *medo* de rejeição era pior do que a dor da própria rejeição. Determinado a superar esse obstáculo, ele embarcou em uma jornada que apelidou de "100 dias de rejeição". Em cada um dos cem dias, Jiang fez um pedido irrelevante, ridículo ou ultrajante e esperou pela recusa. Da mesma maneira que se pode superar o medo de altura praticando paraquedismo ou subindo até o topo do Empire State Building, em Nova York, Jiang imaginou que ouvir cem "nãos" para os seus pedidos o dessensibilizaria à rejeição (você pode ler o que aconteceu no livro *Sem Medo da Rejeição − Como Superei o Medo de Ouvir Um "Não" e Me Tornei Mais Confiante*, ou no blog *100 Days of*

Rejection Therapy). No primeiro dia, ele pediu cem dólares emprestados a um desconhecido. A resposta foi não. No segundo dia, pediu um "refil de hambúrguer" gratuito na hamburgueria Five Guys. Não de novo. Resumindo, a experiência funcionou: a maioria dos cem pedidos de Jiang foi recusada, como ele imaginava.

Durante essa experiência, ele teve algumas lições.[23] A primeira foi que um "não" quase sempre contém informação que pode ajudar a melhorar o pedido, aumentando a chance de sucesso na próxima tentativa. Jiang aprendeu que perguntar "por quê?" depois do primeiro "não" poderia transformar um "não" em "sim" – ou, pelo menos, fornecer mais informação que poderia levar a um "sim".

Um dia, ele comprou uma muda de roseira pronta para ser plantada, foi à casa de um desconhecido, bateu na porta e perguntou ao homem que o atendeu se podia plantá-la no quintal, sem cobrar nada por isso.[24] O homem respondeu que não. "Tudo bem", disse Jiang, "mas posso saber por quê?" O homem não recusou o pedido por desconfiar de Jiang ou por achar o pedido estranho. Ele simplesmente não queria plantar flores no quintal, porque sabia que o cachorro as destruiria. O homem sugeriu que Jiang falasse com a vizinha do outro lado da rua, que amava flores. Jiang procurou a mulher, que, além de dizer sim, ficou sinceramente encantada com o presente inesperado, isto é, uma nova roseira em seu quintal.

Jiang também aprendeu que uma recusa não é pessoal. É apenas uma opinião; não é a verdade objetiva sobre o mérito de uma ideia. Uma recusa pode dizer mais sobre quem nega o pedido do que sobre quem pede. Em geral, você não sabe por que ouviu um não: talvez as pessoas queiram ajudar, mas não podem; o momento é inadequado; ou elas estão apenas tendo um dia ruim. Além do mais, rejeições são sempre julgamentos subjetivos e propensos a erros. Você sabia, por exemplo, que o primeiro livro da saga *Harry Potter*, de J. K. Rowling, foi rejeitado doze vezes por editoras?[25] Como Rowling e muitos outros autores, artistas e inventores famosos cujo trabalho e ideias foram repetidamente rejeitados – até não serem mais –, Jiang aprendeu que a rejeição pode ser uma poderosa fonte de motivação para você continuar tentando, até finalmente conseguir aquilo de que precisa.

Resumo

Pedir aquilo de que se necessita geralmente não é fácil. Saber pedir é um comportamento que precisa ser aprendido. São importantes três passos: determinar objetivos e necessidades, traduzir as necessidades em pedidos bem formulados, e descobrir a quem (e como) pedir. Você pode usar um (ou todos) os três métodos para determinar seus objetivos e necessidades: Método de Início Rápido, descrever seus objetivos e visualização. Depois de identificar suas necessidades, use critérios SMART (específico, significativo, orientado para a ação, realista e com prazo determinado) para traduzir essas necessidades em pedidos efetivos. Descobrir a quem pedir requer que você saiba "quem sabe o quê" ou "quem conhece quem". Quando não souber a quem pedir, você pode consultar catálogos, perfis ou biografias, recorrer aos laços adormecidos ou tentar encontrar conexões secundárias. Por fim, você pode compartilhar seu pedido com grupos, pessoalmente, via mídias sociais ou em sites de relacionamento social. E não se esqueça de que a rejeição é só uma opinião. E opiniões mudam. Em outras palavras, você *pode* encontrar meios de transformar um "não" em um "sim".

Reflexões e ações

1. Qual método funcionou para você – Início Rápido, descrever seus objetivos ou visualização?
2. Qual é o objetivo você escolheu e por quê?
3. Quais pedidos você fez? Seguiu as diretrizes?

4. Quando fez seu pedido, o que aconteceu? Por quê?
5. Se foi rejeitado, como poderia transformar o "não" em "sim"?
6. Compartilhe seu aprendizado com um amigo de confiança, colega ou mentor.
7. Se você não tem uma visão inspiradora do futuro, comece a escrever uma. Esse é um ponto fundamental para viver a vida que você quer.
8. Volte a este capítulo e use-o sempre que se sentir paralisado e não souber o que pedir.

5

Ferramentas para equipes

Quando concluí meu doutorado na Universidade Northwestern, não me tornei professor na escola de Administração imediatamente. Em vez disso, decidi adquirir mais experiência no mundo real e aceitei um emprego como associado sênior em uma empresa de consultoria de gestão em Washington, D.C. Fiquei nesse emprego por muitos anos e acabei sendo promovido a sócio-diretor e, depois, a vice-presidente. Era o tipo de lugar em que tudo mudava muito rápido, com metas altas e expedientes longos. O lema da nossa equipe parecia ser "preparar, apontar, fogo". Sempre que começávamos um novo projeto e montávamos uma equipe para trabalhar nele, mergulhávamos de cabeça e começávamos a trabalhar imediatamente. Era como se não houvesse tempo suficiente para conhecer os colegas de equipe ou estabelecer normas e hábitos positivos. Os resultados eram variáveis, para usar um adjetivo ameno. Às vezes, as equipes eram bem-sucedidas, mas, muitas outras vezes, elas fracassavam, o que desestimulava as pessoas e as deixava emocionalmente marcadas pela experiência.

Naquela época, eu achava que o fracasso era resultado de uma química ruim, da mistura errada de pessoas. Hoje, percebo que um fator importante era a pressa para começar. Começar um novo projeto em equipe é um momento de muito estresse para os envolvidos. Todos estão correndo para resolver problemas e produzir resultados sem preparação ou reflexão suficientes.[1] Por isso é tão importante preparar o terreno primeiro.[2]

Preparar o terreno inclui estabelecer normas explícitas em relação a dar e a receber. Equipes de alto desempenho dependem do fluxo livre de ideias e conhecimento, resolução colaborativa de problemas, ajuda e assistência mútua. É fundamental, portanto, haver normas claras que estimulem os membros da equipe a pedirem aquilo de que necessitam: soluções criativas, conselhos de membros mais experientes, ajuda para resolver um problema ou ultrapassar obstáculos, colaboração para dividir tarefas pesadas, estabelecer conexões com pessoas e recursos fora da equipe.

Neste capítulo, descrevo como estabelecer normas e rotinas de equipe que ofereçam liberdade às pessoas para pedir. A seguir, proponho várias ferramentas para garantir um fluxo contínuo e uniforme de conhecimento, ideias e recursos dentro das equipes e entre elas, sejam pequenas ou grandes. Essas ferramentas foram testadas em todos os lugares, desde empresas da lista da *Fortune 500*, como Google, Nationwide Insurance, Southwest Airlines e DTE Energy, até empresas pequenas como IDEO e Menlo Innovations, e em organizações sem fins lucrativos, como Detroit Institute of Arts, Center for Positive Organizations e DoSomething.org. Essas ferramentas foram projetadas para serem aplicadas em todos os ramos, diferentes tipos de empresas, e em equipes de todas as formas e tamanhos.

Antes de continuar, é importante reconhecer que nenhuma ferramenta efetiva funciona de maneira igual para todos. Toda equipe vai precisar ajustar, customizar e adaptar essas ferramentas para adequá-las às necessidades do negócio, sua cultura e sua equipe. Note também que essas ferramentas não cobrem todos os requisitos de equipes efetivas.[3] Mas darão a você uma boa vantagem inicial.

Finalmente, para tirar máximo proveito dessas ferramentas e rotinas, você precisa estar orientado para o aprendizado.[4] Isto é, você precisa estar motivado a aprender novas habilidades, ideias e ferramentas *e* estar aberto a aprender com a experiência. Então, estar orientado para o aprendizado significa estar disposto a experimentar, sabendo que haverá enganos ou falhas ao longo do caminho. Isso também significa ser resiliente, superar as dificuldades e não se deixar derrotar por algo que não deu certo. É claro, essas estratégias e ferramentas não garantem sozinhas o sucesso de uma equipe, mas preparam o terreno para isso.

Preparar o terreno para o sucesso da equipe

Preparar o terreno é criar condições para que os membros da equipe se sintam seguros para compartilhar problemas, cometer erros e falar a respeito, dividir boas e más notícias, pedir aquilo de que precisam e retribuir ajudando os outros. Tudo isso começa com a seleção das pessoas certas.[5]

Escolher os membros certos para a equipe

No momento de selecionar pessoas para uma equipe, a lista de verificação costuma focar o capital humano, como habilidades, experiências de trabalho e realizações – o tipo de informações encontradas nos bancos de dados de pessoal das empresas, em currículos ou em perfis do LinkedIn. É claro que essas características são muito importantes. Você precisa de pessoas com o conjunto certo de habilidades, talentos, pontos fortes e experiências para o trabalho a ser desenvolvido. Mas também precisa de doadores generosos, que peçam ajuda sem restrições. Em outras palavras, procure pessoas que demonstrem preocupação com o bem-estar dos outros, uma inclinação para ajudar e que estejam prontas, dispostas e preparadas para pedir aquilo de que necessitam.

Um jeito de identificar doadores-solicitantes é inserir nas entrevistas com os candidatos as questões de avaliação que forneci no Capítulo 3. Outro jeito é adotar ou adaptar as práticas de contratação usadas em lugares como a Southwest Airlines. Amplamente reconhecida por sua cultura de um ambiente de trabalho positivo, a Southwest é hoje a maior companhia aérea de voos domésticos nos Estados Unidos.[6] As pessoas querem trabalhar lá; a empresa recebe, em média, 960 currículos por dia e contrata apenas 2% dos candidatos.[7] Quando considera os candidatos, a Southwest enfatiza "contratar com base em valores", inclusive "um coração de servidor", que a vice-presidente e diretora de Recursos Humanos Julie Weber descreve como "a habilidade de colocar as outras pessoas em primeiro lugar, tratar todos com respeito e servir aos clientes com proatividade".[8] Na Southwest, a empresa de fato contrata com base em valores, incluindo questões como "Descreva uma ocasião em que você se esforçou para ajudar um colega de trabalho a ser bem-sucedido".[9]

Além dessa questão, recomendo acrescentar outra: "Fale sobre uma ocasião em que encontrou um problema e pediu ajuda". Se a resposta for um olhar vago, você descobriu algo importante!

Ao selecionar os membros certos para uma equipe, o próximo passo é começar o processo de construir uma cultura em que a norma seja pedir ajuda e ajudar.

Construir segurança psicológica

O que acontece quando enfermeiras e fisioterapeutas respiratórios não se manifestam ao perceber um possível erro de medicação ou outro problema? Pacientes morrem. Pode parecer melodramático, mas erros médicos são mais comuns entre equipes médicas quando não é seguro se manifestar, questionar ou discordar dos médicos no comando.[10] E profissionais da saúde (que não são médicos) são mais propensos a se manifestar quando os médicos são inclusivos, estimulam contribuições e questões e apreciam os que falam.[11]

A maioria das situações, felizmente, não é tão drástica. Mas sempre que equipes não têm segurança psicológica, ou "a crença compartilhada de que a equipe é segura para correr risco interpressoal",[12] os membros não se sentirão com permissão para pedir o que necessitam para ter sucesso. Kyle (nome fictício) aprendeu essa lição do jeito mais difícil.[13] Captador de recursos financeiros com experiência, ele foi contratado por uma proeminente organização sem fins lucrativos para trabalhar em uma equipe de captadores. Sua função era escrever propostas e administrar grandes doações. Nessa organização, Kyle tinha muito o que aprender sobre captação de fundos; ele aprendia depressa e pedia ajuda quando precisava. Tudo parecia ir bem, por isso ele se surpreendeu quando, em sua análise de desempenho de primeiro ano, o gerente disse: "Se vai pedir ajuda para escrever as propostas, por que, então, tira a hora de almoço e encerra o expediente na hora?" Kyle pensou: "Muito bem. Acho que nunca mais vou pedir ajuda. Por que pedir, se serei advertido?" Daquele dia em diante, Kyle passou a sentar diante do computador às 8h e ficar ali até às 16h30, levantando-se apenas para ir ao banheiro. Ele não tirava hora de almoço nem fazia intervalos. "Mesmo nos dias em que tenho que entregar quatro ou cinco propostas e vejo que os colegas estão com tempo livre, não peço ajuda", disse ele.

Kyle logo entendeu que o comentário de seu chefe derivava de uma atitude mais ampla, que fazia parte da cultura organizacional. Nas reuniões de equipe, por exemplo, Kyle contou que as pessoas eram silenciadas quando faziam perguntas ou abordavam algum problema. "Com olhares, sons ou palavras", explicou ele, "agem como se o que temos a dizer não é importante". As informações tratadas nas reuniões de equipe vinham de mão única. Não eram ocasiões seguras para as pessoas se manifestarem.

A segurança psicológica é essencial para criar uma cultura de pedir, dar e receber. Quando as pessoas se sentem seguras, elas pedem; se estão paralisadas e precisam de ajuda, elas pedem; quando cometem um erro e precisam de ajuda para consertá-lo, elas pedem; quando estão sobrecarregadas com muitas tarefas, elas pedem. Uma pesquisa conduzida no Google indica que, de maneira geral, a segurança psicológica é a *chave* para a efetividade de uma equipe.[14] Obviamente, outros fatores também importam, como confiabilidade (realizar as tarefas dentro do prazo, com elevados padrões de excelência), estrutura e clareza (funções, planos e objetivos bem determinados), significado (o indivíduo enxerga o propósito em seu trabalho) e impacto (o trabalho de equipe importa para todos e cria uma mudança positiva). Mas, com base em um estudo abrangente entre as próprias equipes, os pesquisadores do Google concluíram que a segurança psicológica é, sem dúvida, o fator mais importante para o sucesso de uma equipe.

O quanto sua equipe é segura?

Se você comete um erro, esse erro é usado contra você? É possível pedir ajuda sem medo de ser criticado ou ridicularizado?
Se quiser quantificar seus sentimentos, faça a avaliação rápida proposta no apêndice. Esse diagnóstico foi desenvolvido pela professora Amy Edmondson, da Harvard Business School, pioneira na pesquisa sobre segurança psicológica em equipes. Você pode fazer a avaliação sozinho; também pode pedir apoio a alguns companheiros de equipe em quem você confia. Com os dados da avaliação em mãos, volte a este capítulo para pensar em um plano de ação que possa melhorar a segurança psicológica em sua equipe.

Dedicar um tempo para preparar o terreno antes de a equipe mergulhar no trabalho é fundamental para estabelecer a segurança psicológica. Se a equipe foi formada há pouco tempo, dê um tempo para que as pessoas se conheçam em nível pessoal. Se alguns colaboradores trabalham remotamente, use Skype, Zoom, Google Hangouts ou outras plataformas de videoconferência. O simples fato de se verem personaliza a experiência.

Se você não sabe sobre o que falar, tente usar as diretrizes FORD para orientar a conversa: *Family* (família), *Occupation* (ocupação), *Recreation* (lazer) e *Dreams* (sonhos). Cada pessoa deve ter tempo suficiente para falar sobre cada tópico; os demais membros da equipe devem ter a oportunidade de fazer perguntas esclarecedoras. Esse exercício deve ser uma conversa, não uma série de apresentações. Como boa prática, o líder da equipe pode servir de exemplo para o processo – ele pode ser o primeiro a fazer uma pergunta ou a compartilhar detalhes pessoais. Para quebrar o gelo, eu gosto de perguntar: "O que as pessoas geralmente não sabem sobre você?" (e acrescento "por favor, só o que não for ilegal", o que sempre provoca risadas). Se todos os membros da equipe participarem dessa conversa com a mente aberta e disposição para compartilhar, você terá investido solidamente em coesão, espírito de equipe e segurança psicológica.

Esse também é um bom momento para o líder da equipe enfatizar e discutir a importância da segurança psicológica, explicar as normas para pedir e dar ajuda livremente. Nesse momento, a equipe também pode decidir quais ferramentas quer usar para alcançar seu propósito. O líder da equipe não deve impor suas escolhas ao grupo; em vez disso, a equipe deve discutir cada ferramenta e chegar a um consenso sobre quais são mais adequadas.

No Google, preparar o terreno frequentemente inclui uma tarefa conhecida como pré-mortem, uma prática administrativa desenvolvida por Gary Klein.[15] Pré-mortem (que significa "antes da morte") pode parecer um nome tenebroso, mas é, de fato, uma prática positiva que ajuda as equipes a cumprirem sua missão. Como me explicou um funcionário sênior do Google, um pré-mortem envolve reunir uma equipe antes de começar o *brainstorm* para pensar um projeto e avaliar todos os fracassos que podem ocorrer. Ao participar de um pré-mortem, descobri que essa é uma prática libertadora. Libera as pessoas para questionar, discutir problemas e mostrar que elas podem falar, caso vejam o projeto tomar a direção errada durante seu desenvolvimento. Gosto de associar um pré-mortem a algo que chamo de "pré-vitam" (ou "antes de nascer"), um exercício rápido criado para ajudar a equipe a desenhar uma imagem do que é ser bem-sucedido. Vale para projetos em andamento ou para a equipe de maneira mais geral.

A mundialmente renomada empresa de design IDEO é conhecida por sua robusta "cultura da ajuda".[16] E, como observa Heather

Currier Hunt, diretora global sênior da IDEO para Aprendizado e Desenvolvimento, a empresa tem uma cultura de ajudar exatamente porque mantém uma cultura de *pedir* ajuda. No centro dessa diretriz está um processo chamado de "voos". Não importa se o projeto é de curto ou longo prazo, interno ou externo, técnico ou artístico: cada equipe da IDEO utiliza esse processo em três etapas, com o objetivo de promover comunicação e colaboração claras e efetivas na equipe.

A primeira etapa, o "pré-voo", consiste em preparar o terreno. É o momento de compartilhar expectativas e medos, determinar quais são as normas para pedir ajuda (e dar ajudar), estabelecer responsabilidades, cronogramas, níveis de experiência e assim por diante. Alguém novo poderia dizer: "Não sei muito sobre esse assunto, então, vou tentar sempre aprender. Preciso da paciência e do acompanhamento de vocês enquanto aprendo. Farei muitas perguntas e precisarei de ajuda!" Outra pessoa pode dizer: "Tenho filhos pequenos e preciso ir embora às 16h30 todos os dias, mas podem contar com minha dedicação total enquanto eu estiver aqui". O pré-voo, diz Heather, traz clareza sobre o que é necessário para a equipe, para os indivíduos e para que o projeto seja bem-sucedido.

O "meio de voo", como o nome sugere, é uma verificação que ocorre na metade da jornada da equipe. "É uma força que o impulsiona a tomar uma atitude e a gerar resultado (*forcing function*)", explicou Heather, "em que equipe precisa conversar sobre a dinâmica". Em circunstâncias ideais, os membros da equipe devem pedir ajuda durante o voo. O meio de voo é o momento de avaliar o progresso da equipe, decidir quais novos recursos serão necessários, reafirmar normas e expectativas da equipe sobre pedir e dar ajuda. Esse também é um bom momento para a equipe refletir sobre o que está funcionando e ajustar o que não estiver de acordo.

O momento "pós-voo" acontece após a conclusão do trabalho de equipe. É um momento de "catarse, comemoração e síntese", disse

Heather. Em outros lugares, essa prática pode ser chamada de "avaliação pós-ação" ou "pós-mortem". Independentemente do nome escolhido, esse é um momento para discutir quais foram os aprendizados, dar e receber feedback, inclusive sobre o que poderia ter sido feito melhor.

A discussão pós-voo pode ser desconfortável se o projeto não se desenvolveu conforme o planejado. Em outros casos, se tudo correu bem, o pós-voo pode ser apressado, porque as pessoas estão ansiosas para passar ao próximo projeto. Lembramos que é importante dedicar um tempo para refletir sobre como a equipe viveu a Lei de Dar e Receber. Pode ser útil fazer uma pesquisa rápida e anônima antes da sessão de pós-voo, com perguntas como: "Você se sentiu seguro para pedir aquilo de que precisava? Sentiu que deu mais à equipe do que recebeu dela? Alguém ficou sem ajuda ou recursos?" Durante o pós-voo, você pode analisar os resultados da pesquisa e usá-los como base de discussão. A equipe deve estar ciente de que o pós-voo é uma oportunidade de aprendizado, não um fórum para culpar ou acusar. Direcione a discussão para as lições aprendidas para o futuro: "O que devemos continuar fazendo? O que devemos fazer de diferente para ter certeza de que a equipe tem todos os recursos necessários para o sucesso?"

O papel do líder

Quando o dr. Salvador Salort-Pons se tornou diretor, presidente e CEO do Detroit Institute of Arts (DIA), iniciou uma nova prática como líder: todos deviam pedir ajuda regularmente. Apesar da surpresa inicial da equipe, essa prática logo passou a ser utilizada, em grande parte porque o próprio Salvador a empregava. "Gosto de pedir ajuda e conselhos", ele me disse.[17] E continuou: "Embora tenha experiência em curadoria e diploma em negócios, existem algumas áreas do funcionamento do museu que só conheço superficialmente. Trago especialistas nessas áreas e peço conselhos a eles. Não tenho medo de mostrar que não sei alguma coisa. É um ponto de partida melhor quando você reconhece na frente de outras pessoas que não sabe alguma coisa e pede a quem sabe que o ajude a entender".

A experiência de Salvador enfatiza um ponto fundamental: o líder da equipe desempenha um papel vital no estabelecimento da segurança psicológica. Se as palavras e as atitudes de um líder não comunicam que é seguro pedir ajuda, poucos membros da equipe pedirão apoio, se é que alguém vai pedir. Heather Currier Hunt me explicou que, por causa da segurança psicológica, é comum ver um líder na IDEO dizer alguma coisa como: "Socorro! Alguém sabe alguma coisa sobre esse assunto?"[18] É importante que os líderes admitam com liberdade quando não sabem algo e peçam ajuda.

Como líder, disse Amy Edmondson, você precisa "reconhecer a própria falibilidade" e "ser um exemplo de curiosidade, fazendo muitas perguntas". Também é muito importante normalizar os erros ou, como explicou Amy, "enquadrar o trabalho como problemas de aprendizado, contrapondo os problemas de execução".[19] Isso não significa que os erros devem ser ignorados ou varridos para baixo do tapete. Pelo contrário, devem ser reconhecidos como parte do processo de aprendizagem. Se as pessoas acharem que os problemas serão recebidos com escárnio e acusações, elas os esconderão. Como líder, você quer que as pessoas discutam abertamente o que fizeram de errado e peçam ajuda para resolver o problema.

Normalizar erros é especialmente importante no mundo das startups, em que o aprendizado e a interação contínuos são sagrados. O princípio do *"fail fast"* (fracasse rápido) é uma espécie de mantra. Alexis Haselberger, especialista em produtividade, gestão de tempo e eficiência, com mais de quinze anos de experiência em operações e recursos humanos em startups, enfatiza a importância de ser "responsável, capaz e ensinável" quando os inevitáveis erros acontecem. Para ela, pedir ajuda é parte integrante do processo (no apêndice, você encontrará um conjunto de melhores práticas desenvolvidas por Haselberger para ajudar equipes de startups ou empresas já estabelecidas a promover responsabilidade e aprendizado).[20]

Bons líderes têm consciência do que não sabem e se cercam de especialistas que possam preencher as lacunas. Como explicou Bill McDermott, CEO da multibilionária empresa de tecnologia SAP SE, "todo líder deve ter a humildade de reconhecer que seu sucesso se baseia em escolher as melhores pessoas".[21] Quando Christina Keller tornou-se presidente e CEO da Cascade Engineering, uma empresa global de manufatura especializada em moldagem por injeção de grandes peças plásticas, sua primeira tarefa foi avaliar a equipe sênior, entender suas estratégias e seus pontos fracos; depois, buscou contratar pessoas que pudessem resolver os pontos fracos e reduzir as fraquezas.[22] Assim, Keller estava criando uma rede interna de especialistas a quem podia pedir ajuda.

Esse *insight* enfatiza um segundo ponto: pedir ajuda deve ser parte do trabalho de *todo mundo*, do estagiário à liderança no topo da hierarquia. Meu agente literário, Jim Levine, fundador da Levine Greenberg Rostan Literary Agency, em Nova York, baseia-se em uma filosofia para administrar sua agência que exemplifica exatamente a mensagem deste livro. Para Jim, pedir ajuda é parte explícita do trabalho na agência, e ele incluiu essa prática nas diretrizes escritas. Afirmações como "Não existe pergunta idiota, você sempre tem permissão para PERGUNTAR" e "Você VAI errar; essa é uma das melhores maneiras de aprender" ajudam a criar um ambiente em que todos que trabalham na agência se sentem seguros para pedir ajuda (descrevo no apêndice a lista completa dessas diretrizes).

Escolher suas ferramentas

Agora que você preparou o terreno para sua equipe ser bem-sucedida, o próximo passo é escolher as ferramentas que vão transformar o ato de pedir ajuda em uma rotina, isto é, uma prática diária da equipe.

Como mencionei anteriormente, essas decisões devem ser tomadas por meio de discussão e consenso entre os membros da equipe.

Agrupamentos: improvisados e formais

Quando John Clendenin foi contratado para gerenciar um grupo de logística na Xerox Corporation, a empresa não era conhecida por ter uma cultura aberta e colaborativa. Por exemplo, quando alguém emperrava ou precisava de ajuda com um problema ou projeto, a típica rotina burocrática era marcar uma reunião. Como normalmente havia o desafio de coordenar agendas, isso significava que a pessoa podia passar dias emperrada, esperando a reunião acontecer. John decidiu mudar esse cenário e implementou uma prática chamada "agrupamentos improvisados". Se um membro da equipe se deparasse com um problema, precisasse de ajuda ou quisesse fazer um *brainstorm*, bastava convocar um agrupamento rápido, juntando pessoas disponíveis para ajudar. A premissa era que, quando solicitados, os outros membros da equipe parassem imediatamente suas tarefas e se agrupassem.[23]

Agrupamentos improvisados oferecem uma oportunidade de ter acesso a recursos coletivos que geram novas perspectivas, ideias e soluções. São particularmente efetivos quando você precisa de ajuda rápida, seja para cumprir um prazo apertado, resolver um problema ou avançar em um projeto estagnado.[24] Você não precisa agendar uma reunião para a semana seguinte ou esperar as pessoas responderem seu e-mail. Não precisa parar e pensar com antecedência a quem deve pedir. É possível compartilhar sua solicitação com várias pessoas ao mesmo tempo, em vez de levá-la a uma pessoa de cada vez.

Na IDEO, agrupamentos improvisados são frequentemente usados como um fórum para *brainstorm*.[25] Por definição, o design tem a ver com a criação de algo novo. O trabalho de um designer é explorar território desconhecido e encontrar o desconhecido como parte de sua rotina. Ficar emperrado é parte normal do processo. Então, na

IDEO, assim que os designers encontram um problema ou não sabem algo, eles reúnem rapidamente um grupo de colegas para uma sessão improvisada de *brainstorming*. O objetivo é conseguir destravar, obter a informação ou o *insight* de que precisam, resolver um problema, e assim por diante.

Esses agrupamentos são sessões informais convocadas quando necessário. Mas o agrupamento também pode ocorrer em formato de reunião formal agendada de modo regular, seguindo um roteiro ou um planejamento determinado. Por exemplo, os líderes de departamento de uma grande empresa de manufatura implementaram um agrupamento diário de liderança que sempre aborda segurança, reconhecimento, questões urgentes. Funciona como uma mesa redonda aberta na qual as pessoas fazem e concedem solicitações. Na Zingerman's Community of Businesses, a rede de empresários de Ann Arbor que mencionei anteriormente, o agrupamento é parte integral da cultura organizacional. A Zingerman's tem mais de 45 equipes que fazem agrupamentos voluntários regularmente, a maioria deles semanais. Um agrupamento típico dura menos de 1 hora e segue uma agenda regular, que inclui um rápido quebra-gelo, uma discussão sobre o feedback semanal do cliente (bom ou ruim), uma análise de linha-produto com resultados financeiros e operacionais, a solução de problemas e delegação de novas tarefas e, finalmente, anúncios e apreciações. Em concordância com os valores da empresa – isto é, todos participam da administração –, o líder do agrupamento é sempre um funcionário, não o sócio administrador do negócio. Agrupamentos criam um lugar psicologicamente seguro para pedir ajuda. Como resultado, melhoram a produtividade, a resolução de problemas e o aprendizado individual e organizacional.

Reuniões em pé

Essa é uma prática generalizada em empresas de tecnologia de informação e desenvolvimento de software, com enorme potencial para utilização em muitos outros segmentos. A reunião em pé ocorre com agenda regular – normalmente, no mesmo horário durante a semana –, mas dura menos que os agrupamentos formais.

Em uma típica reunião em pé, os participantes formam um círculo e se revezam para fazer uma breve atualização (se algum membro da equipe trabalhar em outro lugar, participa da reunião por videoconferência). Na empresa de software Atlassian, cada membro da equipe responde a três questões: "Em que trabalhei ontem? Em que estou trabalhando hoje? Quais problemas estão me bloqueando?"[26] A Menlo Innovations segue um padrão semelhante, mas acrescenta uma poderosa pergunta: "De que tipo de ajuda eu preciso?" Incluir essa questão como parte do processo faz com que as pessoas se sintam mais confortáveis ao pedir ajuda, porque estabelece que esse é um comportamento normal e esperado.

Uma reunião em pé costuma durar apenas quinze minutos, visando incentivar uma comunicação eficiente e garantir que a reunião não tome muito tempo do expediente. É claro, a duração e a frequência das reuniões variam de acordo com as necessidades do grupo. O que importa é que os encontros sejam regulares, de forma que a reunião em pé se torne um acontecimento normal e esperado da rotina de trabalho.

As pessoas tendem a associar reuniões em pé com startups pequenas, mas esse modelo é útil em muitos outros tipos de organização, além do mundo da TI e do desenvolvimento de software. Por exemplo, a equipe que trabalha no Center for Positive Organizations (CPO) tem uma reunião em pé diária, cujo propósito, explicou Chris White, diretora administrativa, "é facilitar o compartilhamento de informação, pedir e receber ajuda. O feliz subproduto é que isso promove relacionamentos de apoio entre os membros da equipe".[27] De forma inesperada, a reunião em pé é mediada pelo mais novo integrante da equipe. Como Chris explica, essa é uma mensagem sobre os valores da equipe: qualquer pessoa pode liderar. Além disso, é um jeito de enfatizar como a empresa "procura oferecer oportunidades de mediação e liderança a mais de um membro sênior da equipe".

Seguindo pelo mesmo caminho, as reuniões em pé podem ser feitas em uma escala muito maior. Por exemplo, a Nationwide Insurance, uma empresa da *Fortune 100* com 46 bilhões de dólares em vendas anuais, faz reuniões desse tipo entre cada uma das quase trezentas equipes do grupo de desenvolvimento e operações de software. Durante minha visita à sede da Nationwide em Columbus, no estado de Ohio, o executivo de TI Tom Paider me guiou pelos andares para observar esse sistema em funcionamento. Cada equipe faz sua reunião em pé na frente de um quadro branco, onde é exibido o fluxo de trabalho da equipe. Assim, todos podem ver à primeira vista o que está sendo feito, o que precisa ser feito, quem está fazendo o quê, onde há necessidade de ajuda, em qual parte do projeto as pessoas estão emperradas, e assim por diante.

A Nationwide utiliza um sistema administrativo de quatro camadas, com reuniões em pé conduzidas em cada nível. O trabalho feito em cada nível é diferente, mas os objetivos são os mesmos: confiabilidade, colaboração, melhoria do processo e resolução de problemas.[28] Funciona assim: os funcionários do atendimento ao cliente (Camada I) têm reuniões em pé todos os dias para discutir o fluxo de trabalho, o trabalho do dia anterior e o trabalho do dia atual. Qualquer questão ou problema que não possa ser resolvido é passado para o nível seguinte. Os gerentes de atendimento ao cliente (Camada II) também têm reuniões em pé diárias, nas quais avaliam métricas das atividades de atendimento ao cliente e abordam problemas ou solicitações que foram transmitidos pelo Nível I. Em geral, fornecem treinamento e feedback para os funcionários do atendimento. Nesse momento, as questões que não foram resolvidas são compartilhadas com a equipe executiva (Nível III), que fornece treinamento e feedback aos membros do Nível II. Finalmente, o Nível IV (chefia) se encontra semanalmente para analisar estratégia, tendências e oportunidades de melhoria contínua para o panorama geral, bem como para lidar com os problemas que as camadas anteriores não conseguiram resolver. Em outras palavras, esse sistema de quatro camadas é brilhante, porque se tornou um mecanismo embutido para as equipes de níveis mais baixos pedirem ajuda às equipes de níveis mais altos.

Círculo da Reciprocidade

O Círculo da Reciprocidade é uma atividade guiada indicada para quando as pessoas precisam recorrer ao poder doador de uma rede de conexões, geralmente para encontrar os recursos de que necessitam. (Sou um dos fundadores, membro da diretoria e acionista da Give and Take, Inc., proprietária do Círculo da Reciprocidade e da plataforma digital Givitas). Mais de cem mil pessoas em empresas e universidades pelo mundo usaram essa ferramenta; eu mesmo a usei em empresas como Google, Consumers Energy, General Motors, Morton Salt e Blue Cross Blue Shield. Adam Grant a utilizou em companhias como IBM, Citigroup, Estée Lauder, UPS e outras.[29]

A atividade é feita em grupo de 20 a 24 pessoas, mas não há limite para o número de grupos. Até hoje, o maior evento de Círculo da Reciprocidade aconteceu na Harvard Business School, onde foram conduzidos quarenta Círculos da Reciprocidade simultâneos para mais de novecentos MBAs!

Com um pouco de treinamento, qualquer pessoa pode mediar um Círculo da Reciprocidade.* O processo é simples, mas tem que obedecer a uma sequência específica de etapas. Geralmente, funciona como descreveremos a seguir. Em um revezamento, cada participante compartilha um pedido com o grupo. Outros membros do grupo avaliam como podem ajudar: "Eu tenho o recurso de que a pessoa precisa? Se não tenho, conheço alguém em minha rede que pode ajudar?" É muito mais fácil fazer um pedido quando todos estão ali para pedir ajuda, quando todos os participantes devem pedir algo; pedir é a

---

*. Se você estiver interessado em aprender a usar ou mediar o Círculo da Reciprocidade, entre em contato com a Give and Take, Inc. no link <giveandtakeinc.com>.

forma de entrar para o Círculo da Reciprocidade. Quando o tempo permite, defendo duas rodadas de pedidos profissionais. A rodada de pedidos pessoais faz as pessoas se abrirem; compartilhar detalhes pessoais sobre a própria vida humaniza o local de trabalho, melhorando a comunicação, colaboração e o desempenho do grupo.[30] Buscar ajuda para um problema pessoal promove gratidão, constrói conexões de alta qualidade e favorece cooperação futura para questões pessoais e pedidos profissionais.

Às vezes, Adam conduz uma variação informal do Círculo da Reciprocidade em suas aulas na Wharton School; certa vez, o encontro apareceu até no programa de TV *Good Morning America*.[31] Esse encontro é chamado de Favor de Cinco Minutos. Embora não seja tão poderoso quanto a ferramenta do Círculo da Reciprocidade, essa atividade é uma forma de começar. Veja como essa variação informal funciona. Cada participante tem um cavalete *flip-chart* e escreve um pedido na metade superior do papel, deixando a metade inferior em branco. Em seguida, prende a página na parede da sala. Todos andam pela sala e leem cada solicitação. Quem acredita que pode ajudar, escreve o próprio nome embaixo do pedido. Uma vez, Adam escreveu o próprio nome na solicitação de um aluno que gostaria de conhecer o famoso chef David Chang. Adam tinha o número de telefone do chef na lista de contatos do celular e fez a conexão ali mesmo.

Quando conduzo o Círculo da Reciprocidade, enfatizo que é possível fazer qualquer tipo de pedido, desde que sigam o critério SMART que descrevi no Capítulo 4 (isto é, específico, significativo, orientado para a ação, realista e com prazo determinado). Solicitações SMART podem ser simples (como uma recomendação de restaurante) ou complexas e arrojadas, possíveis de realmente mudar a vida de alguém, como foi o caso de Cristina, cuja história você leu no Capítulo 1. Os participantes frequentemente hesitam em fazer um pedido tão grandioso, que pareça improvável ou impossível de ser atendido. Mas, tendo conduzido o Círculo da Reciprocidade muitas centenas de vezes, testemunhei várias histórias de pedidos que pareciam impossíveis, mas foram atendidos. Por exemplo, em um Círculo da Reciprocidade, um participante que chamarei de Mark revelou que havia sido adotado ao nascer e queria saber qual era o sobrenome dos pais biológicos. O próprio Mark acreditava que seu pedido era muito improvável, mas alguém no grupo se manifestou. Esse homem também era adotado e havia descoberto o sobrenome dos pais biológicos por meio de uma combinação de genealogia de DNA e informações que solicitou ao governo valendo-se do Freedom of Information Act (FOIA ou Lei da Liberdade de Informação). Esse homem compartilhou seu conhecimento com Mark e até o ajudou durante o processo. No fim, Mark conseguiu a informação que queria – e também um lembrete valioso de que você realmente nunca sabe o que é possível até pedir.

Solicitações profissionais ou de negócios nem sempre são tão complicadas, mas, muitas vezes, são essenciais para a solução de problemas, obtenção de recursos críticos e melhoria de desempenho individual e de equipe. Por exemplo, em uma sessão, um engenheiro de uma grande empresa de consultoria em engenharia pediu recomendações de firmas com aptidão para modelagem 3D para fazer uma proposta de instalação de locadora de automóveis multinível; outro engenheiro solicitou treinamento técnico on-line relevante e de alta qualidade para os projetos em grande escala que sua empresa projeta e constrói. Ambos receberam a ajuda de que precisavam. Em um fabricante sul-americano de peças automotivas líder de mercado, um executivo anunciou no Círculo da Reciprocidade que precisava fazer uma apresentação altamente técnica para um novo cliente em potencial e pediu bons exemplos de apresentações similares para que pudesse aprender. Ele recebeu imediatamente quatro ofertas de ajuda.

O Retorno de Investimento (ROI) no Círculo da Reciprocidade é impressionante. Quando conduzimos o Círculo da Reciprocidade com apenas 24 participantes e somente durante duas horas e meia, calculamos que ideias, soluções e indicações geradas na atividade rendam uma economia de custo e geração de lucro entre 150 mil e quatrocentos mil dólares, além de uma economia de tempo equivalente a cerca de 1.600 horas. Em alguns casos, o valor em dinheiro é muito mais alto. No fabricante sul-americano que mencionei anteriormente, o valor total do Círculo da Reciprocidade foi superior a dez milhões de dólares. E, quando grandes grupos usam o Círculo da Reciprocidade, os benefícios se multiplicam.

O poder do Círculo da Reciprocidade está na permissão para encontrar o poço profundo de recursos e redes que existem em qualquer grupo. E, como um músculo, quanto mais o Círculo da Reciprocidade é usado, mais poderoso ele se torna. Isso acontece porque, quando a atividade é repetida ao longo do tempo, as pessoas aprendem a esperar respostas positivas, o que dá a elas confiança para pedir coisas cada vez mais complexas. O retorno para a equipe e para cada membro aumenta exponencialmente, em um círculo virtuoso.

Triunviratos e grupos sábios

Em minhas aulas de MBA, oficinas e palestras, uso com frequência duas práticas que focam de maneira explícita os atos de pedir e dar ajuda: "Consultoria do Triunvirato" e "Grupos Sábios".[32] A Consultoria do Triunvirato é uma atividade criativa de trinta minutos que destrava o fluxo de oferecer ajuda e dar conselhos entre os companheiros de equipe ou colegas. A equipe se divide em grupos de três pessoas (daí o nome) e cada membro do trio desempenha o papel do "cliente", que tem um ou dois minutos para descrever um desafio ou projeto e pedir ajuda. Os outros dois são "consultores", que têm de um a dois minutos para fazer perguntas esclarecedoras, e vários minutos para oferecer ideias, informações, indicações, conselhos, e assim por diante, como fariam em uma sessão de consultoria real. Essa sequência é repetida mais duas vezes, de forma que cada membro de um triunvirato seja o cliente e tenha seus problemas resolvidos ou suas solicitações atendidas.

A estrutura dos Grupos Sábios é a mesma que a da Consultoria do Triunvirato, mas cada grupo é maior (quatro ou cinco pessoas) e cada etapa dura mais tempo. Como em qualquer exercício, equipes ou grupos diferentes são úteis, porque você extrai uma variedade de perspectivas, experiências, conhecimento e redes.

Rotinas de pedir: "ligar e usar"

Agrupamentos, reuniões em pé, Círculos da Reciprocidade, Triunviratos e Grupos Sábios funcionam porque normalizam o processo de fazer pedidos – o ponto central do ciclo de dar e receber – enquanto também trazem à tona a prestatividade natural que existe em todos nós. O que é único nas rotinas de ligar e usar é que, diferente das práticas mencionadas anteriormente, que necessitam de dedicação ao longo da sua semana de trabalho, elas podem ser incorporadas em cronogramas, reuniões, oficinas e eventos existentes.

Considere, por exemplo, uma rotina de ligar e usar na DoSomething. org, uma plataforma digital que mobilizou 5,5 milhões de jovens nos Estados Unidos e em 131 países para engajamento off-line em causas, iniciativas de mudanças sociais e ações cívicas.[33] Todas as quartas-feiras, os funcionários da DoSomething se reúnem às 14h30 no "fosso" do escritório para uma reunião semanal de equipe. É comum convidar os membros da equipe para comemorar uma realização da semana anterior, descrever um objetivo para a próxima semana ou pedir um conselho ou ajuda.[34] Outros membros da equipe podem responder ao pedido de ajuda imediatamente ou depois da reunião. E todos respondem.

Até reuniões entre duas pessoas são oportunidades para ligar e usar. Quando a empresa de serviços públicos DTE Energy, com sede em Detroit, passou por dificuldades para superar a crise financeira de 2008, o vice-presidente executivo Ron May adotou a prática de realizar reuniões recorrentes e individuais com seus subordinados diretos, diretores e vice-presidentes.[35] Cada reunião de quinze minutos era uma conversa guiada por questões como: em que problema você está trabalhando? Qual é a condição-alvo desejada (estado futuro)? Que obstáculos existem em seu caminho?

Com o tempo, as pessoas se sentiram psicologicamente seguras para compartilhar quais eram seus obstáculos e pedir o que precisavam para superá-los. Por exemplo, Ron explicou, uma pessoa que está trabalhando em um processo de mudança pede permissão para mudar os procedimentos; ou alguma pessoa emperrada em alguma parte específica de um grande projeto pode pedir um tempo para resolver um determinado problema. Em última análise, essa prática proporcionou importantes melhorias e economias, assim como permitiu o desenvolvimento de relacionamentos mais fortes. A DTE Energy também tomou muitas outras atitudes que a ajudaram a superar a crise financeira, mas as reuniões semanais tiveram uma função fundamental no processo de recuperação.

A ação de ligar e usar pode ser incorporada em reuniões de qualquer tipo: de equipe, atualização de progresso, análises de desempenho, sessões de feedback, planejamento, reuniões práticas, reuniões de grupo de recursos para funcionários, sessões de treinamento e até reuniões informais de almoço. Olhe sua agenda para as próximas duas semanas. Em que momento você pode testar uma rotina de pedir no estilo ligar e usar?

Quadro branco: um-problema-por-semana

Duas cabeças pensam melhor que uma, especialmente quando solucionam complexos problemas de engenharia. Quando Kevin Blue trabalhava na gigante farmacêutica Pfizer, ele e cinco outros engenheiros industriais tiveram uma ideia, que se tornou um hábito rotineiro de pedir ajuda.

Todas as segundas-feiras, os engenheiros propunham um problema técnico na reunião semanal de equipe. Eles escreviam esse problema no quadro branco na entrada do departamento, para que todos da equipe pudessem trabalhar no problema. A discussão acontecia apenas na tarde de sexta-feira. "Isso dava a todo mundo cinco dias para solucionar os problemas ou contestar a solução", Kevin explicou. O exercício era tão efetivo para encontrar soluções para os problemas mais complexos da equipe que a prática logo se disseminou para todas as áreas de engenharia da Pfizer.[36]

Existem muitas variações do quadro branco um-problema-por-semana. Em uma grande empresa que conheço, por exemplo, as pessoas postavam solicitações em um cavalete *flip-chart*. Em seguida, os colegas de equipe as liam e respondiam quando podiam. Quais variações você pode experimentar?

Resumo

Equipes de alto desempenho têm lugares psicologicamente seguros em que seus membros se permitem pedir e oferecer ajuda. Construir uma equipe efetiva começa ao preparar o terreno para o sucesso. Isso se faz selecionando pessoas para a equipe que são propensas a pedir e a doar. Também é importante estabelecer normas que favoreçam a segurança psicológica e apoiem o ciclo de dar e receber. Líderes de equipe devem reforçar as normas e pedir ajuda constante (oferecer ajuda também). "Pedir" deve fazer parte da descrição de cargo de toda a equipe. As equipes podem escolher algumas ferramentas oferecidas neste capítulo – agrupamentos improvisados, agrupamentos formais, reuniões em pé, Triunviratos e Grupos Sábios, rotinas de pedir ligar e usar e quadro branco um-problema-por semana – e adaptá-las de acordo com as necessidades individuais ou do projeto.

Reflexões e ações

1. Seu local de trabalho é psicologicamente seguro para as pessoas pedirem aquilo de que precisam? Por que sim ou por que não? (Use a avaliação a seguir para quantificar suas percepções.)

2. Novas equipes correm para começar o trabalho ou dedicam um tempo para preparar o terreno para o sucesso?
3. Você contrata pessoas que são propensas a ser doadores-solicitantes?
4. As normas de sua equipe validam, apoiam e promovem o ato de pedir?
5. Você é um exemplo do comportamento de pedir?
6. Quais ferramentas de equipe você já usou? Como elas funcionaram?
7. Peça a sua equipe para escolher uma nova ferramenta de grupo e experimentá-la por trinta dias, pelo menos. Modifique e personalize quanto for necessário para ajustá-la à sua situação.
8. Procure oportunidades para inserir rotinas de solicitação em suas interações e nos seus encontros diários. Você pode procurar essas oportunidades até em sua vida pessoal!
9. Se está começando a liderar uma nova equipe, siga as orientações neste capítulo para construir uma equipe de sucesso.

Apêndice

Melhores práticas para lidar com erros

Alexis Haselberger*

Todos nós cometemos erros de vez em quando. Mas o que nos diferencia é como lidamos com os erros. Responsabilidade é uma qualidade fundamental para o sucesso no trabalho (e na vida), e a forma como você se comporta quando erra pode fazer toda a diferença na maneira como as pessoas percebem sua evolução.

Então, compartilho uma lição sobre como garantir que você seja visto como responsável, capaz e passível de aprender quando comete um erro.

Assuma a responsabilidade

- Assim que perceber que cometeu um erro, assuma-o. Isso é difícil, e você vai se sentir mal. Mas devemos nos sentir mal quando cometemos um erro, porque é esse sentimento negativo que nos motiva a evitar erros no futuro.

* Copyright © 2018 Alexis Haselberger – <www.alexishaselberger.com>.

- Quanto antes você assumir seu erro, mais cedo ele poderá ser consertado e menos provavelmente ele terá um efeito cascata negativo.
- Evite atribuir culpa. Se você cometeu o erro, você cometeu o erro. É claro, pode ter havido fatores contribuintes, mas você só pode controlar a si mesmo e é responsável por quaisquer erros que cometa.

1. Tome uma atitude

- **Reflita.** Agora que encontrou o erro, pense em por que ele aconteceu. Veja se consegue entender por que errou. Foi um simples deslize causado por falta de atenção? Recebeu informação errada de outra pessoa? As instruções eram confusas?
- **Resolva.** Conserte o erro. O que aconteceu tem que ser consertado, seja uma questão com o cliente, por razões de sigilo dos dados etc. Se você não sabe como reparar o erro, procure ajuda.
- **Siga em frente.** Agora que o erro foi reparado, é hora de seguir em frente. Você não quer cometer o mesmo erro duas vezes, então descubra o que precisa fazer para garantir que a situação que o fez errar não se repita e que esse erro não vai mais acontecer.

2. Resposta/Solução

- Quando resolver ou assumir um erro, há quatro elementos-chave que devem ser abordados: o que aconteceu? Como aconteceu? Como consertamos isso? O que estamos fazendo para impedir que aconteça de novo?
- Tome o cuidado de seguir essa estrutura ao responder à pessoa afetada por seu erro, e ao seu supervisor, se for necessário.

Diretrizes auxiliares de Jim Levine

Levine Greenberg Rostan Literary Agency*

1. Contratamos você por causa de seu talento e seu potencial, não por esperarmos que saiba tudo.
2. Não existe pergunta idiota. Você tem sempre permissão para PERGUNTAR.
3. Você VAI cometer erros. Essa é uma das melhores maneiras de aprender.
4. A regra básica para todos que começam em um novo emprego é que leva seis meses para você começar a se sentir à vontade com suas tarefas.
5. A reputação de nossa agência é o nosso bem mais valioso. Você é a primeira pessoa com quem vários clientes, clientes em potencial e editoras vão lidar ao entrarem em contato conosco. O jeito como você lida com TODO MUNDO tem um impacto em nossa reputação.
6. Eu sempre vou parecer ocupado – é meu jeito. Não deixe que isso o impeça de interromper o que eu estiver fazendo. É só me dar um sinal de que precisa da minha atenção.
7. Enquanto aprende como fazemos as coisas, você pode questionar por que as fazemos desse jeito. Não tenha medo de perguntar "por que" ou sugerir maneiras alternativas de fazer as coisas. Estamos sempre procurando jeitos de melhorar o que fazemos e como fazemos.
8. Se você algum dia sentir que as coisas em seu trabalho não estão funcionando como você queria – mesmo que sejam coisas pequenas –, me avise. Gostamos de lidar com os problemas, e esperamos resolvê-los assim que aparecem. A pior coisa a fazer é deixar coisas pequenas se tornarem grandes (dizemos exatamente a mesma coisa aos nossos clientes).

* Copyright © 2019 James Levine.

9. Valorizamos a iniciativa. Compartilhe suas opiniões e sugestões – sobre cartas comerciais, propostas, qualquer coisa. E dê ideias para novos projetos: assuntos para os quais devemos encontrar um redator ou pessoas que devemos procurar como clientes.

10. Embora se reporte diretamente a mim, você trabalha para toda a equipe, e todos na equipe vão valorizar o mesmo tipo de feedback que estou pedindo a você.

Medindo a segurança psicológica da equipe							
Em que medida você concorda ou discorda de cada afirmação? Circule uma resposta para cada uma delas.	Discordo fortemente	Discordo	Discordo um pouco	Nem concordo nem discordo	Concordo um pouco	Concordo	Concordo fortemente
1. Se você comete um erro nessa equipe, ele é sempre usado contra você.	1	2	3	4	5	6	7
2. Membros dessa equipe podem abordar problemas e questões difíceis.	1	2	3	4	5	6	7
3. Pessoas dessa equipe às vezes rejeitam outras pessoas por serem diferentes.	1	2	3	4	5	6	7
4. É seguro assumir um risco nessa equipe.	1	2	3	4	5	6	7
5. É difícil pedir ajuda a outros membros dessa equipe.	1	2	3	4	5	6	7
6. Ninguém dessa equipe agiria deliberadamente de forma a minar meus esforços.	1	2	3	4	5	6	7
7. Trabalhando com membros dessa equipe, minhas habilidades e meus talentos únicos são valorizados e utilizados.	1	2	3	4	5	6	7

Fonte: EDMONDSON, A. C. Psychological safety and learning behavior in work teams. **Administrative Science Quarterly**, v. 44, p. 350-383, 1999.

Pontuação: as questões 1, 3 e 5 são formuladas de forma negativa, por isso devem ser codificadas de forma inversa. Por exemplo, se você respondeu 7 à Questão 1, mude sua resposta para 1; se respondeu 6 à Questão 1, mude para 2; se respondeu 5, mude para 3; se respondeu 4, mantenha assim; mude 3 para 5; 2 para 6; 1 para 7. Repita a codificação reversa para as Questões 3 e 5.

Agora, some suas escolhas para as sete perguntas e divida o total por 7 para obter a média (se seus colegas de equipe, pessoas em quem você confia, também fizerem a avaliação, faça a média de todas as médias). Uma pontuação média de 6 a 7 indica que a segurança psicológica da equipe é muito alta; média de 1 a 2 indica que a segurança psicológica é muito baixa.

Comparações: a pontuação média da equipe foi de 5,25 no estudo original de Edmondson com 427 funcionários em 53 equipes de uma empresa de manufatura. Em um estudo em unidades de terapia intensiva neonatal que ela conduziu com Ingrid Nembhard, a pontuação média da equipe foi 5,31 para 1.440 funcionários em 23 equipes.[37]

6

Pedir além das fronteiras

Os executivos e superintendentes da Kent Power, Inc. não estavam ouvindo. Os superintendentes, que supervisionavam as operações, reclamavam de que os executivos da empresa nunca prestavam atenção ao que eles diziam e não se comunicavam com a área para manter toda a equipe informada. Enquanto isso, os executivos acusavam os superintendentes, dizendo que eles não liam os memorandos que enviavam.

A Kent Power constrói e mantém cabos de energia, subestações elétricas, torres de celular e infraestrutura de telecomunicações. A comunicação hierarquizada é fundamental nessa área de especialização, mas os executivos e superintendentes simplesmente não ouviam uns aos outros, e o resultado era prejuízo.

Os executivos sabiam que precisavam de ajuda e foram buscá-la. Chamaram o veterano em treinamento empresarial Dave Scholten para ajudá-los a colocar a empresa nos trilhos.[1] Dave propôs a criação de um minigame (uma ferramenta sobre a qual vou falar mais no Capítulo 7) para melhorar a comunicação dentro do grupo executivos-superintendentes. Eles o chamaram de "Pode me ouvir agora?", aproveitando o conhecido lema da Verizon ("Can you hear me now?").

O minigame durou três meses. No primeiro mês, os dezessete executivos e superintendentes se falaram em telefonemas regulares. Cada telefonema deveria durar dez minutos, no mínimo, e cada pessoa tinha que iniciar dezesseis ligações – uma para cada pessoa no grupo – durante o mês. A regra fundamental, porém, tinha a ver com o assunto da conversa: eles *não* podiam falar de trabalho. Todos os outros assuntos – hobbies, eventos atuais, livros e filmes, futebol, o clima – podiam ser abordados. Só trabalho era proibido. Dave pediu que cada pessoa fizesse anotações sobre o telefonema no *drive* compartilhado da empresa, incluindo dois *insights* extraídos da conversa, pelo menos. Esses registros eram disponibilizados para todos, de forma que os envolvidos podiam aprender com o outro e sobre o outro.

No segundo mês, todos tinham que iniciar *dois* telefonemas com cada pessoa. No terceiro mês, o número de telefonemas dobrou de novo – *quatro* ligações por pessoa. Esses números aumentaram rapidamente. No fim, executivos e superintendentes passaram centenas de horas ao telefone falando uns com os outros. Tudo em noventa dias. E nunca poderiam falar de trabalho.

Como você pode imaginar, a regra de "não falar de trabalho" gerou muitas reclamações e consternação. Sobre o que falariam, se não podia ser de trabalho? Afinal, trabalho era o único contexto que compartilhavam, a única coisa que tinham em comum. E esse era exatamente o ponto. Como falar de trabalho estava vetado, os participantes foram forçados a saber sobre a vida dos outros *fora* do escritório. No começo, foi estranho fazer e responder perguntas como "Como você conheceu a pessoa com quem se casou?", mas, com o passar do tempo, foi ficando cada vez mais fácil. Até que os telefonemas com cada colega começaram a se parecer com uma conversa prolongada cheia de novas curiosidades e perguntas atenciosas. Eles falavam sobre família, amigos, dificuldades, triunfos e sonhos; conectavam-se no nível pessoal e emocional.

Quando os três meses terminaram, os dezessete líderes da Kent Power conseguiam finalmente ouvir uns aos outros. "O resultado final do jogo", explicou Dave Scholten, "foi que ultrapassaram as barreiras dos departamentos e conseguiram se entender".[2] De fato, "Pode me ouvir agora?" foi um sucesso tão grande que a Kent Power decidiu transformar a ferramenta de minigame usada em uma intervenção isolada em uma prática comum nos negócios (veja o Capítulo 7 para as diretrizes de minigame).

Departamentos são um problema para a maioria das organizações. Alguns apresentam problemas entre níveis da hierarquia, como na Kent Power. Outros são divisões entre departamentos, unidades comerciais, equipes ou locais físicos. Em algumas empresas, as barreiras estão entre uma organização e seus clientes ou fornecedores. Pedir e dar colaboração para além dessas fronteiras pode render benefícios mensuráveis para os indivíduos, incluindo mais acesso a conhecimento, ideias, oportunidades e outros recursos, o que, por sua vez, aumenta produtividade e performance; para empresas, atravessar essas fronteiras permite obter maiores rendimentos e lucros, mais inovação, mais lealdade do cliente e consumidor, e até mais capacidade para atrair e reter talentos.[3]

Pedir além das fronteiras abre um mundo de recursos. Às vezes, o recurso de que você precisa está próximo, bem aí na sua equipe, em seu departamento, escritório ou comunidade, e tudo que você tem que fazer é pedir. Outras vezes, porém, o que você precisa está lá fora, em algum lugar no mundo, mas você não sabe onde. É preciso pedir além de suas fronteiras para encontrar o que é necessário.

Na vida pessoal, também é frequente erguermos sem querer barreiras que nos isolam de um gigantesco corpo de recursos. Por exemplo, muitos traçam uma linha divisória firme entre "vida pessoal" e "trabalho". Presumimos que solicitações pessoais não cabem no ambiente de trabalho, enquanto não devemos incomodar os amigos e a família com solicitações relacionadas ao trabalho. Mas nada poderia estar mais distante da realidade.

Quando Jim Mallozzi assumiu o posto de CEO e presidente do conselho da Prudential Real Estate and Relocation, a companhia passava por dificuldades. Os clientes estavam insatisfeitos, os talentos abandonavam a empresa e o negócio perdia milhões de dólares. Jim estava determinado a fazer o que fosse necessário para que a empresa voltasse aos trilhos. Só havia um problema: ele morava em Connecticut, mas passava a maior parte do tempo se dividindo entre os principais escritórios da empresa nos Estados Unidos, isto é, na Califórnia, no Arizona e em Nova Jersey. Jim odiava passar tanto tempo longe de casa; sentia falta da família, e a esposa e as filhas sentiam falta dele. Pior ainda, as elevadas demandas do trabalho começavam a afetar sua saúde; ele estava estressado e, por estar constantemente trabalhando e viajando, não se exercitava e ganhava peso.[4]

Jim sabia que, se quisesse mudar a situação, teria que pedir ajuda. Mas, com a família tão longe, também sabia que precisaria encontrar uma fonte diária de apoio. Então, na prefeitura de uma cidade, com todos os seus associados, ele encontrou uma oportunidade. Depois de explicar os planos e os objetivos comerciais da empresa para aquele ano, como era de praxe, ele tentou algo diferente: compartilhou também três objetivos pessoais. "Continuar casado e feliz com minha esposa, com quem estou há trinta anos; não perder datas e eventos importantes das minhas duas filhas; emagrecer dez quilos e me alimentar melhor". Depois, ele pediu a ajuda de todos na plateia.

E as pessoas o ajudaram. Um associado se ofereceu para ser parceiro de corrida de Jim; outro o impedia de comer sobremesa nos jantares de equipe. Jim contou que, quando almoçava na cantina da empresa, muitos associados iam até ele para checar se ele estava comendo salada.

Jim era um exemplo de alguém que se permite pedir, como o dr. Salort-Pons, diretor do Detroit Institute of Arts, que você conheceu no Capítulo 5. No caso de Jim, ele ampliou o alcance de seu pedido, pois estimulou os milhares de associados na prefeitura da cidade a acompanhá-lo. Em pouco tempo, todos compartilhavam seus objetivos profissionais e pessoais e se ajudavam mutuamente no esforço para alcançá-los. "É divertido, útil e muito esclarecedor ver o que as pessoas querem alcançar", explicou Jim. "Penso nisso como uma resolução de Ano Novo ampliada!"

Quando Jim passou a tratar os objetivos como pedidos, iniciou uma cultura empresarial de dar e receber. E não só isso. Muito parecido com o exercício "Pode me ouvir agora?", realizado na Kent Power, a prática estimulada por Jim permitiu o desenvolvimento de conexões mais fortes em todos os níveis organizacionais. Essa atitude abriu espaço para novas ideias, novas estratégias de negócios e ampliou a comunicação e a circulação de informações por toda a empresa. Jim concluiu: "Com a ajuda de todos, além de conseguirmos realizar nossa transformação empresarial, eu continuo casado e feliz, não perdi nenhum evento importante das minhas filhas e emagreci mais de onze quilos!"

Ao estabelecer objetivos e torná-los públicos, você ganha um incentivo extra para alcançá-los. E, ao pedir ajuda além das fronteiras, você aumenta muito as chances de ser bem-sucedido. Às vezes, as pessoas menos prováveis se tornam seu grupo de apoio, oferecendo estímulo e angariando apoio para decisões que precisam ser tomadas – enquanto você faz o mesmo por elas.

O bônus da diversidade

Pense na última vez em que viajou do aeroporto de sua cidade. Você ficou esperando no portão de embarque, pelo que pareceu uma eternidade, embora pudesse ver o avião na pista, simplesmente parado? Essa demora ocorre pelo chamado *turnaround* – o tempo necessário para descarregar um avião e prepará-lo para o seu voo. O tempo de *turnaround* comum é de 45 a 60 minutos. Mas a Southwest Airlines descobriu como reduzir o tempo de *turnaround* para apenas dez minutos.[5]

Todas as companhias aéreas são motivadas a reduzir o tempo de *turnaround*, não só porque isso deixa os passageiros satisfeitos, mas porque as empresas não ganham dinheiro enquanto a aeronave está parada na pista. Mas executar um *turnaround* não é tão simples assim: envolve uma série de tarefas diferentes que devem ser terminadas dentro de um tempo específico, incluindo desembarcar passageiros, bagagens, cargas e correspondências, além de reabastecer, limpar a aeronave, repor os estoques internos, realizar verificações de segurança, embarcar a nova tripulação, passageiros, bagagens e carga. Então, como a Southwest Airlines conseguiu fazer tudo isso em um tempo muito menor que a concorrência?

O comum para resolver esse tipo de problema seria contratar uma equipe de especialistas em operações e logística e deixá-los encontrar a resposta, já que são profissionais com profundo conhecimento sobre aquele assunto. O problema é que essa profundidade de conhecimento introduz o viés inconsciente na solução do problema, argumenta o teórico da complexidade e especialista em diversidade Scott Page.[6] Problemas complexos, diz Scott, requerem "diversidade cognitiva" – diferentes maneiras de pensar, perspectivas variadas, visões de mundo distintas – muito mais que expertise. A pesquisa de Scott mostra que reunir pessoas de diferentes áreas de conhecimento para resolver um problema complexo pode resultar em um "bônus de diversidade", o que gera melhora em desempenho e resultados.[7] A Southwest reuniu uma equipe diversificada de pilotos, carregadores de bagagem, comissários de bordo, tripulação de solo, funcionários do aeroporto e reguladores para trabalhar nesse problema. Dessa forma, a empresa conseguiu descobrir como ter o menor tempo de *turnaround* na área da aviação.

As ferramentas nesta seção mostrarão como você pode ter um "bônus de diversidade" semelhante à Southwest ao ampliar o grupo de pessoas – e de recursos – a quem pode recorrer quando precisa fazer um pedido.

Práticas organizacionais para aprender a pedir além das fronteiras

Em 2016, dei uma palestra TEDx no Power Center for the Performing Arts, em Ann Arbor, em Michigan. O tema foi o mesmo deste livro:

o ato de pedir impulsiona o ciclo de dar-receber. Queria que a plateia *experimentasse* o poder de pedir, e não só ouvisse sobre ele. Então, no fim da minha apresentação, eu e meus dois assistentes dividimos rapidamente a plateia de 1.350 pessoas em pequenos grupos e pedimos que se dedicassem a uma rodada rápida de pedir e dar ajuda. Depois de cerca de vinte minutos, pedimos que todos que receberam ajuda ficassem de pé. A plateia explodiu em aplausos quando as pessoas se entreolharam e notaram quantos haviam se levantado. Era possível sentir a energia na sala. A partir de um cálculo conservador, estimamos que 70% dos 1.350 participantes receberam algo de que precisavam, tanto em nível pessoal quanto profissional. Isso ressalta que as corretas práticas organizacionais podem ajudar a maximizar os benefícios de pedir além das fronteiras.

Oficinas de colaboração cruzada

O que as corridas NASCAR, Le Mans, provas de arrancada e Bonneville Salt Flats têm em comum? A General Motors participa de todas. Mas esses eventos não são apenas diversão e jogos para a fabricante de automóveis. Pelo contrário: são oportunidades para os engenheiros testarem novas tecnologias e veículos em condições que vão ao limite. A partir desse trabalho, podem fabricar carros mais confiáveis e seguros que circulam pelas ruas e rodovias. Esse tipo de ação, porém, exige alto grau de colaboração e coordenação entre engenheiros, técnicos, designers e pilotos. É uma realidade quase impossível de se conseguir quando as pessoas trabalham de forma individualizada.

Era essa a situação que Prabjot Nanua enfrentava como diretor global de duas divisões distintas da General Motors: Engenharia Avançada de Motor e Engenharia de Corrida. Apesar de parecer que essas duas áreas têm funções semelhantes, elas operavam, na realidade, com cronogramas e prazos bastante distintos. Dessa forma, a colaboração contínua era difícil. A Engenharia Avançada trabalha para produzir inovações que melhorem o desempenho do motor e reduzam custos. É um setor que pode passar anos sem participar da produção. A Engenharia de corrida, porém, é focada em fazer pequenos ajustes e melhorias em motores que já existem, no espaço de tempo entre uma corrida e outra. Para esse setor, é fundamental concluir o trabalho antes da próxima corrida.

Quando Prabjot assumiu o comando dos dois setores, algumas ideias propostas pela equipe de Engenharia Avançada tinham sido implementadas pela Engenharia de Corrida, mas o diretor enxergou possibilidades além. Para aumentar o ciclo de dar e receber entre os setores, Prabjot desenvolveu uma ideia de criar oficinas de colaboração cruzada. Essas oficinas reuniam engenheiros das duas equipes para falar de objetivos, tecnologias e desafios que cada grupo enfrentava.[8] Prabjot não determinava o que seria discutido; em vez disso, pedia para os engenheiros classificarem seus interesses nos diversos tópicos; em seguida, direcionava o tema das oficinas seguintes a partir dos assuntos mais votados.

Em pouco tempo, as oficinas mensais se tornaram fóruns de valor inestimável, em que os engenheiros faziam perguntas, pediam e ofereciam sugestões e conselhos. Por exemplo, nas raras ocasiões em que a equipe de Engenharia Avançada precisava receber com urgência uma determinada peça para cumprir o cronograma de um projeto, podia recorrer a alguém na equipe de Engenharia de Corrida e perguntar como "podiam usar os processos desenvolvidos pela equipe de Corrida para adquirir peças e serviços rapidamente", explicou Prabjot.[9]

O fórum de apresentação dos novos sócios na Zingerman's Community of Business é um ritual que atravessa fronteiras organizacionais e vai além dos limites da organização, com o objetivo de angariar o apoio de uma comunidade mais ampla. Esse evento matinal acontece sempre que alguém é promovido a sócio administrador. São convidados todos os sócios administradores das dez organizações semiautônomas da Zingerman's, funcionários, amigos e visitantes interessados (eu participei de um evento com sessenta pessoas na plateia). Todos – inclusive os visitantes – são chamados para explicar como podem contribuir para que o novo sócio seja bem-sucedido. Por exemplo, o chefe da contabilidade pode se comprometer a entregar relatórios financeiros precisos dentro do prazo, e se disponibilizar para tirar dúvidas sobre os resultados. Um sócio recém-aposentado propôs ajudar o novo sócio a realizar suas tarefas. Alguns funcionários com conhecimentos tecnológicos podem se oferecer para compartilhar as novas notícias nas mídias sociais. Esses são exemplos que eu testemunhei, e podem mostrar o diversificado conjunto de recursos que você adquire quando ultrapassa fronteiras para pedir ajuda.

Programas de educação continuada

Durante anos, lecionei em muitos programas de educação continuada para executivos. Notei um aumento na quantidade de programas personalizados criados para clientes corporativos. Diferente dos programas com inscrições abertas, em que qualquer pessoa pode se matricular, um programa personalizado é aberto apenas para os colaboradores de uma determinada empresa. É desenvolvido sob medida para atender a objetivos, prioridades e necessidades empresariais específicos. Por exemplo, muitos executivos da General Motors participaram de um programa chamado "Liderança Transformacional", uma parceria com a Universidade Stanford.[10] Cada grupo foi formado a partir de uma cuidadosa seleção que incluiu de 35 a 40 executivos do mundo todo. Esses diferentes executivos participaram de cinco sessões durante um ano de curso, cada uma realizada em um país diferente. Michael Arena, ex-chefe de talentos da GM, escreveu em *Adaptative Space*: "A parte mais importante desse programa, talvez, seja o capital social que é criado".[11]

O que de fato significa criar capital social? O capital social refere-se às redes de contatos e aos recursos que essas redes oferecem. Por meio do programa da GM, os executivos construíram capital social ao conhecerem pessoas de diferentes unidades de negócios e países. Como parte do processo, foram apresentados uns aos outros, trabalharam juntos em projetos de equipe e socializaram. A partir dessas experiências, eles tiveram acesso a novos recursos e estabeleceram novos laços, que continuam mesmo após o encerramento do programa.

Com certeza, foi isso o que aconteceu com Robert, gerente nacional de vendas de uma grande corporação, quando um furioso gerente de loja o procurou para relatar um problema.[12] Sua empresa vendia os produtos fabricados em lojas varejistas pertencentes à companhia. Aparentemente, alguém na sede enviara uma carta aos clientes os direcionando inadvertidamente às lojas erradas. Quando leu a carta, Robert percebeu que a carta havia sido enviada pelo departamento de uma pessoa que ele conhecera no programa de educação executiva. O gerente nacional telefonou para essa pessoa e, juntos, resolveram rapidamente o problema. Robert me contou que, desde então, resolveu vários outros problemas ao contatar os vários participantes do programa, ou, em outras palavras, recorreu ao seu novo capital social.

Como alguém mede a criação de capital social em um programa de educação executiva? Isso não acontece ao acaso. Desde o primeiro dia de curso, os participantes sentam em grupos de seis pessoas de diferentes unidades e países. Mas, todos os dias, trocam de lugar. No momento de realizar um projeto de design em sala de aula, novos grupos são formados. Em seguida, misturamos novamente os participantes quando vão entrevistar consumidores, conceber e construir protótipos externamente. No final de cada aula, oferecemos experiências educacionais para os participantes socializarem. É difícil sair do programa *sem* ter criado novos laços pessoais, mesmo com todas as fronteiras sociais, organizacionais e geográficas.

Um programa personalizado de educação executiva pode não fazer parte dos seus planos agora, mas há outras práticas que o reproduzem. Por exemplo, muitas empresas têm programas de rotação de cargos para novos funcionários e colaboradores antigos, como a companhia de TI ManTech, a NFL, a Deloitte, os laboratórios Abbott, entre muitas outras.[13] Em cada um desses programas, o colaborador se reveza entre setores da empresa (ou muda de um local para outro) e passa várias semanas, meses ou até um ano em cada área. Esse tipo de rotação de cargo costuma ser mais comum para novos funcionários, mas também é usado para colaboradores antigos, como forma de enriquecer a experiência de trabalho, promover aprendizado e construir novo capital social entre os departamentos, aos quais podem recorrer quando têm uma solicitação. E esse também é um poderoso mecanismo de aprendizado para o empregador, pois fornece informações sobre os interesses de cada funcionário, além de conjuntos de habilidades que ajudam a identificar a melhor combinação de cargos e pessoas.[14]

Orçamento flexível

Muitos administradores estipulam orçamentos mais rígidos que casca de árvore. É impensável ceder parte do orçamento de um departamento – mesmo que ele tenha recursos de sobra – a outro departamento ou projeto. Mas é isso que comumente acontece na Hopelab, um laboratório de inovação social em São Francisco, na Califórnia, que projeta tecnologias para melhorar o estilo de vida e o bem-estar de adolescentes e jovens adultos. Por exemplo, certa vez, um vice-presidente propôs uma grande oportunidade de comunicação estratégica que o diretor de operações Dan Cawley acreditava que "poderia frisar para um importante público-alvo nossos esforços relacionados à obesidade infantil, assim como discutir como é possível unir ciência comportamental, design e tecnologia para desenvolver produtos que ajudem as crianças a serem saudáveis". Era uma grande oportunidade, mas havia um pequeno problema: os cem mil dólares necessários para o projeto não estavam previstos no orçamento. Como uma organização sem fins lucrativos, a Hopelab opera com um orçamento bem justo, mas sua prática de trabalhar com orçamentos flexíveis permitiu que facilmente conseguissem o valor.[15]

Mas sabemos que nem todo gerente responsável pelo orçamento de um departamento consegue liberar verbas e ainda assim atingir objetivos e metas propostos. Um gerente de projeto da Hopelab disse que poderia contribuir com um valor de cinco dígitos se seu grupo recuasse um pouco com seus gastos, o que ainda o deixaria com recursos suficientes para manter o projeto em andamento. Esse valor, somado a quantias menores de quase todos os outros departamentos, permitiu que conseguissem os cem mil dólares.

A prática do orçamento flexível permite que a Hopelab encare desafios e novas oportunidades, o que não aconteceria se trabalhassem de forma tradicional com os orçamentos. Dessa forma, a organização também estimula a transparência, a confiança e promove a colaboração entre os diversos departamentos. Dan Cawley observa que esse é um processo "sem emoções", diferente do que pode parecer. Não há espaço para guerras ou drama. Ele explica que "as pessoas são completamente generosas. A verba orçamentária é transferida com facilidade entre os projetos".

E essa abordagem generosa para lidar com um orçamento já estipulado não funciona apenas com uma organização sem fins lucrativos, como a Hopelab. Também funcionou na Prudential Real Estate and Relocation, embora tenha recebido um nome diferente: orçamento Sopa de Pedra, uma referência ao antigo conto popular que ilustra o valor de compartilhar e cooperar.

Tipicamente, o orçamento de uma empresa é calculado com base em orçamentos anteriores (o orçamento do ano vigente baseia-se nos gastos do ano anterior). Isso, muitas vezes, causa brigas entre líderes de departamentos, que lutam por seus dólares. O CEO muitas vezes age como "rei Salomão", diz o CEO da Prudential Real Estate and Relocation, Jim Mallozzi, "subfinanciando projetos até que nenhum deles seja bem-sucedido ou pior ainda, uma grande ideia não vá para a frente".[16] E foi por isso que Jim tentou um método diferente para calcular o orçamento anual e, a partir de necessidades pontuais, fazer ajustes ao longo do ano orçamentário. Para começar, Jim reuniu um grande grupo de executivos e gerentes para avaliar novas ideias e projetos que fossem consistentes com a filosofia e a missão da empresa. Em seguida, cada chefe ou gerente de departamento se comprometeu a contribuir para o projeto ser bem-sucedido. Alguns ofereceram parte da verba de seu orçamento, outros emprestaram funcionários com determinado conhecimento, ou designaram recursos de gerenciamento de projeto. Outros, ainda, contribuíram com reconhecimento e apoio público, comunicando à organização que o projeto era importante. Jim se recorda: "Eu sabia que estávamos no caminho certo quando, durante discussões muito complicadas, grupos e líderes cediam espontaneamente dinheiro do orçamento e seu melhor pessoal para enfrentar um desafio específico".

O orçamento Sopa de Pedra tirou líderes da posição comum de nós-contra-eles e os colocou em uma atitude de estamos-todos-juntos. O sucesso significava uma vitória coletiva, não apenas um ganho individual. Como disse Jim: "Aplicar os princípios da Sopa de Pedra – se você quer comer bem, certamente tem que contribuir – permitiu que investíssemos realmente em iniciativas empresariais".

Cérebro de confiança

Em algumas ocasiões, no entanto, pedir ajuda a outros departamentos da empresa é impraticável, ou simplesmente não é o suficiente. "Se você comanda uma organização, há muitos assuntos que não pode conversar com a esposa, com o marido ou com os funcionários", diz Rich Smalling, CEO da American Innovations, que fornece produtos e serviços para administração e proteção da infraestrutura de canos de óleo e gás do país.[17] Em casos como esse, você precisa buscar apoio fora da empresa (e da família) para conseguir ajuda e conselho especializados.

Para isso, você precisa de um cérebro de confiança.

O cérebro de confiança de Rich Smalling é chamado de "YPO", antes conhecido como Young Presidents' Organization (Organização dos Jovens Presidentes). A YPO foi fundada em Nova York em 1950. Atualmente, é uma rede global com mais de 27 mil chefes executivos estabelecidos em mais de 130 países.[18] Fóruns – grupos locais com oito a dez líderes que se encontram mensalmente por duas a quatro horas – são a essência da YPO. Rich explicou: "Tudo é discutido em total e completa confiança. Estamos sempre pedindo ajuda no fórum. Você pode pedir ajuda para *qualquer coisa*".

Após os fóruns, o YPO oferece os chamados capítulos, com mais de 450 encontros no mundo todo. Capítulos são encontros mais formais que os fóruns, com um calendário estipulado com eventos mensais, temas, oradores etc. Participar de um capítulo faz com que um executivo conheça um número maior de pares. As conversas têm o que Rich chama de "confidencialidade do fórum", o que significa que seu pedido é tratado com total sigilo e confiança. A YPO também oferece acesso a comunidades digitais do mundo todo, organizadas para tratar de tópicos ou temas específicos. Há uma rede social para networking chamada M2Mx, em que os membros podem postar dúvidas sobre qualquer tema pessoal ou empresarial.

A YPO é uma organização global, mas há muitos cérebros de confiança locais e regionais, aos quais você também pode se juntar. Por exemplo, o BreakThrough Forums, em Chicago, organiza grupos para reunir líderes empresariais de organizações com tamanhos similares e interesses em comum. Tom Caprel, que chefia o BreakThrough Forums,[19] explicou: "A colaboração é a essência desses grupos, para que líderes em posição de chefia peçam ajuda a seus pares. Os membros conversam em um ambiente seguro e livre de julgamentos, usando as próprias experiências como orientação para quem solicita apoio".

Para quem não quer se unir a um cérebro de confiança que já existe, é fácil criar um. Os membros do nosso programa Executives--in-Residence (Residência para Executivos) se tornaram meu cérebro de confiança informal, liderados pelo diretor do Center for Positive Organizations. Esse grupo conta com executivos sêniores com décadas de experiência em liderança corporativa e civil. Posso pedir qualquer coisa, certo de que nossas discussões serão totalmente sigilosas, e que certamente terei excelente ajuda e aconselhamento.

Tecnologia usada para pedir além das fronteiras

Na quarta-feira, dia 30 de janeiro de 2019, o vórtice polar quebrou um recorde de 108 anos, provocando o dia mais frio do ano em Ann Arbor. Fazia –27 °C fora de casa; o vento gelado provocava uma sensação térmica de 40 °C abaixo de zero.

Por volta das 22h30 daquela noite, eu e minha esposa recebemos uma mensagem de emergência da Consumers Energy. Era uma solicitação para reduzirmos voluntariamente o aquecimento em nossa casa para cerca de 18 °C. Havia um incêndio num equipamento das estações compressoras de gás natural da Consumer Energy no sudeste de Michigan. Não havia feridos, mas todo o fornecimento de gás da estação tinha sido interrompido, ameaçando o fornecimento aos consumidores da região.

Reduzi imediatamente a temperatura. Milhares de habitantes de Michigan fizeram o mesmo, e o consumo de gás caiu 10% em todo o sistema. A redução voluntária permitiu que a Consumers Energy mantivesse o fornecimento de gás para casas e empresas durante os dias gelados do vórtice polar.

O extraordinário ato de cidadania coletiva foi possível porque a tecnologia digital facilitou a transmissão dessa informação, chegando a toda população ao mesmo tempo. E, hoje em dia, você não precisa ter uma infraestrutura gigantesca para compartilhar esse tipo de pedido. Podemos usar o poder da tecnologia para alcançar novos grupos de pessoas com rapidez e facilidade.

Encontros aleatórios

Você já conheceu um dublê de lutas? Eu já. Trabalho na Ross School of Business, a quilômetros de distância – física e academicamente – da

Escola de Música, Teatro e Dança, onde os alunos aprendem a cantar, atuar e dança. Era pouco provável que eu fosse apresentado a um dublê de lutas, se não tivesse participado de um encontro chamado Innovate Brew.

Innovate Brew é um sistema on-line que seleciona professores da Universidade de Michigan que trabalham no campus e, a partir disso, forma duplas aleatórias. As duplas de educadores se encontram para conversar sobre pesquisas e projetos em desenvolvimento. O ato de dar e receber – na hora ou no futuro – é parte implícita do processo. Em um encontro, por exemplo, conheci um engenheiro que participa de um comitê de governança universitária. Posteriormente, quando tive dúvidas sobre políticas do comitê para as quais não sabíamos a resposta, soube a quem perguntar. De acordo com Bill Lovejoy,[20] criador do Innovate Brew e professor de tecnologia e operações na Ross School: "A ideia é conhecer alguém que tem uma visão de mundo completamente diferente. Normalmente, você não tem permissão para abordar e conversar com estranhos, mas o Innovate Brew lhe dá permissão para pedir".[21]

Eventos de grande escala

Pouco depois de Jim Mallozi assumir o comando da Prudential Real Estate and Relocation, a empresa promoveu uma série de premiações anuais para vendedores e realizou convenções de treinamento para milhares de profissionais de vendas pelo mundo.

"O tema da minha primeira palestra de abertura", disse Jim, "foi 'mudança e inovação' recorrendo ao 'poder positivo do possível'". Durante sua palestra, Jim pediu à plateia de três mil profissionais de vendas que pegassem o celular. As pessoas resmungaram, imaginando que ele pediria que desligassem o celular. Em vez disso, Jim pediu que ligassem o aparelho. E completou seu pedido: "Mandem uma mensagem de texto ou um e-mail com pelo menos uma ideia de como você ajudaria um colega de profissão a conquistar um novo cliente, melhorar uma venda ou fidelizar um consumidor". O número do telefone e o endereço de e-mail foram projetados em um telão. Jim pediu seu smartphone para demonstrar ao vivo o que eles deveriam fazer.

Jim relatou: "No fim da conferência, apenas 36 horas mais tarde, o grupo havia proposto mais de 2.200 ideias!" A ideia de Jim de oferecer ajuda em grande escala foi tão bem-sucedida que logo se tornou prática comum na empresa.

Quais eventos de grande escala sua empresa organiza? Esses encontros são ideais para dar e receber ajuda em grande escala. A velha máxima é verdadeira: os números *têm* força. E qualquer encontro que reúna grandes grupos, com diferentes pessoas, pode ser uma oportunidade para pedir e dar ajuda além das fronteiras.

Videoconferência: sempre acessível, de uma forma ou de outra

Como muitas empresas, a American Express (Amex) tem focado em utilizar tecnologia para que seus funcionários possam trabalhar de quase qualquer lugar. Felizmente, a tecnologia disponível permite que nos conectemos uns aos outros, mesmo em locais muito distantes. Lauren Acquista, que liderou a transformação digital na Amex, trabalhava no escritório de Nova York, mas sua equipe estava dividida entre Nova York e Palo Alto, na Califórnia. Para garantir que o fluxo de informações e as solicitações entre os dois escritórios não ficassem prejudicados, instalaram uma grande tela de videoconferência, em que os funcionários estavam constantemente on-line. "Era como se fôssemos uma equipe só", lembra Lauren.[22] "Você só precisava se aproximar da tela para conversar com alguém, pedir ajuda, fazer uma pergunta." Cada tela, em outras palavras, era como um portal para o outro escritório.

A Influence & Company, uma agência de marketing de conteúdo com sede em Columbia, Missouri, tem vendedores que trabalham de forma remota. Eles utilizam o software Zoom para estabelecer contato com os clientes que estão em diversos locais. "Discutimos assuntos importantes e complicados quando nossas equipes estão trabalhando com os clientes. Fazemos entrevistas para conhecer histórias pessoais e transformá-las em conteúdo on-line de qualidade", explicou Alyssa Patzius, vice-presidente de experiência com o cliente.[23] Alyssa também usa o Zoom para realizar chamadas semanais com cada subordinado direto. A chamada por Zoom permite ver a outra pessoa, disse Alyssa, o que faz com que os funcionários se sintam mais à vontade para pedir aquilo de que precisam.

A Intertek, uma empresa de inspeção, teste de produto e certificação, opera com um modelo de negócios com seus 43 mil empregados distribuídos em mil laboratórios espalhados pelo mundo. Esse modelo distribuído permite que cada laboratório forneça serviços sob medida para clientes em seu mercado local. E oferece múltiplas oportunidades para cada laboratório aprender com os demais. Todos os meses, Scott Hanton, gerente geral da Intertek Allentown, na Pensilvânia, promove uma reunião via Skype com gerentes de laboratórios químicos e membros de equipe espalhados pelos Estados Unidos. A última parte do encontro on-line é reservada para uma sessão de "tiro rápido", em que os participantes podem fazer perguntas ou pedir. "As pessoas costumam oferecer respostas", explicou Scott. Trocam todo tipo de informações, desde dicas para trabalhar com determinados instrumentos e compostos químicos até as melhores práticas para sucessão de gestão.

Scott explica que o tiro rápido "tem a ver com compartilhar conhecimentos do dia a dia, o tipo de coisa que não é escrita". E é particularmente útil para questões às quais os funcionários não encontram respostas em outros fóruns. Essa prática é tão bem-sucedida que Scott foi convidado a expandi-la para a Europa, depois para a Ásia e, em seguida, globalmente.

Aplicativos de mensagens

Quando eu me preparava para escrever esta seção, mandei uma mensagem de texto para meu filho, que estava no colégio. Pedi ajuda sobre como pedir ajuda: "Você usa Instagram, Snapchat ou algum outro aplicativo para pedir ajuda aos amigos? Pode me dar um bom exemplo?", perguntei.

"Sim", ele respondeu, "podemos conversar quando eu chegar em casa?"

Mais tarde, fiquei sabendo que meu filho costuma usar aplicativos de mensagens para pedir ajuda. Certa vez, ele usou o Instagram para mandar fotos de camisas para os amigos, querendo saber de quais eles gostavam mais. Mais de uma vez, meu filho usou o Snapchat para pedir detalhes sobre um dever de casa que deixou no colégio. Todos os amigos dele mantêm o hábito.

Os três aplicativos de mensagens mais populares no mundo são WhatsApp, Facebook Messenger e WeChat (mais usado no mercado chinês).[24] Mas meus alunos do MBA, que trabalham em tempo integral durante a semana e frequentam as aulas nos finais de semana, usam o GroupMe para organizar saídas em grupo, fazer perguntas sobre uma aula ou um trabalho, compartilhar recomendações de restaurante etc.

No entanto, Instagram, Snapchat, WhatsApp, GroupMe e aplicativos sociais semelhantes são usados, geralmente, para comunicação pessoal; não costumam ser usados para conversas profissionais. Para isso, muitas empresas utilizam softwares empresariais, projetados especificamente para o local de trabalho, como Yammer, Slack, Chatter, Jabber, Microsoft Teams etc.

"O Slack ajudou a criar uma cultura de compartilhamento", explicou Lauren Acquista, cuja equipe de aceleração digital no Brooklyn, Nova York, usa a ferramenta para organizar comunicação em tempo real. São utilizados canais dedicados a equipes, projetos e interesses específicos.[25] O acelerador digital tem canais para assuntos pessoais (pais, filmes, comida etc.) e profissionais. "Com tecnologia e uma força de trabalho jovem", Lauren explicou, "as linhas entre vida pessoal e profissional ficaram menos definidas". Isso significa que os funcionários não hesitam em usar a ferramenta para fazer pedidos sem relação com o trabalho.

A equipe da Give and Take, Inc., a empresa que ajudei a fundar, também usa o Slack, havendo dois canais, um pessoal e um profissional. "É ótimo para mensagens instantâneas, atualizações de projetos e para postar artigos", diz Sarah Allen-Short, vice-presidente de marketing.[26] E a equipe também usa o aplicativo para conversar, desejar feliz aniversário, postar fotos da família, memes engraçados, recomendações de livros etc.

Algumas empresas tentam desestimular a troca de mensagens sobre temas pessoais no ambiente de trabalho. Isso é um erro. Como vimos na história sobre a Kent Power, aprender sobre hobbies, interesses e passatempos dos colegas fora do escritório constrói confiança e fortalece os elos. Em um estudo sobre o trabalho com suas equipes remotas, o Google descobriu que conhecer os colegas de trabalho em nível pessoal é fundamental para o sucesso da equipe.[27] De fato, especialistas dizem que a curiosidade sobre a vida pessoal dos colegas é um "motivador-chave para o engajamento dos funcionários com as ferramentas sociais da empresa".[28] É difícil pedir ajuda para alguém que é praticamente um desconhecido. Saber algo sobre a vida de outras pessoas – seja esse conhecimento adquirido ao utilizar minigames como o "Pode me ouvir agora?" ou por meio de aplicativos de mensagens sociais – facilita esse processo.

E simplesmente observar as conversas conduzidas nesses canais públicos de mensagens também ajuda a entender quem domina determinada habilidade, quem conhece quem. Em um rigoroso estudo conduzido em uma grande empresa de serviços financeiros, o uso semestral de um software social empresarial levou a "um aumento de 31% no conhecimento de quem sabe o quê e um aumento em 88% do conhecimento de quem conhece quem".[29] Esse conhecimento ajuda você a identificar especialistas que podem responder imediatamente a uma pergunta ou atender a um pedido, ou, se for necessário, dizer a quem pedir para ser apresentado a outro especialista.

Plataformas de tecnologia colaborativas

"Quando e por que as pessoas pedem ajuda no trabalho? O que você pede, por que pede e o que o motiva a pedir?" Essas foram algumas das primeiras questões que propus para a comunidade Center for Positive Organizations (CPO) Givitas, uma rede digital que liga todas as companhias e organizações no Positive Organizations Consortium (Consórcio de Organizações Positivas) da CPO. Givitas é uma plataforma de tecnologia colaborativa (PTC) que ajudei a projetar com base nos princípios e conceitos de *All You Have to Do Is Ask*. Essa rede digital proporciona um ambiente psicologicamente seguro para pedir, dar e receber ajuda de forma ampla. Em pouco tempo, recebi uma dezena de respostas detalhadas com novos exemplos, os quais incorporei a este livro.

Enquanto continuava pesquisando e escrevendo, postei perguntas para uma comunidade Givitas de Recursos Humanos (RH), que incluía mais de 1.200 especialistas em RH de um número igualmente elevado de empresas (e também respondi a solicitações feitas por outras pessoas). Conheci pessoalmente muitas das pessoas generosas que cito neste livro apenas depois de elas terem respondido às minhas perguntas na Givitas. O diagrama a seguir ilustra o poder de rede de dar e receber na área de RH, apenas nos três primeiros meses de funcionamento. Os pontos são as pessoas; já as linhas são respostas a solicitações.[30]

Três meses usando a Givitas

Ilustração da Rede Givitas durante um tempo, do primeiro ao terceiro mês.

Também postei solicitações na comunidade Givitas *Granted*, e recebi muitas respostas úteis. E, é claro, ofereci ajuda sempre que pude.

A Givitas *Granted* é uma comunidade exclusiva para assinantes da popular *newsletter Granted*, de Adam Grant, em que ele compartilha *insights* e ideias sobre trabalho e psicologia. Até o momento, mais de 1.300 assinantes se juntaram à rede e a utilizam regularmente para pedir e dar ajuda.

Por exemplo, o fundador de uma startup fintech pediu para ser apresentado a pessoas em Nova York com pensamento semelhante ao dele, a fim de evitar a solidão e o isolamento que podem vir com esse estilo de vida empresarial. Ele ofereceu o próprio software e sua experiência em codificação em troca do apoio e das ideias da comunidade. Recebeu cinco ofertas, desde potenciais investidores a pessoas com experiência nessa área, que queriam marcar um encontro para um café. Quando checamos com ele o desenrolar dessa história, ele apontou a "melhoria na proposta e as possíveis conexões contínuas com investidores", tendo recebido cerca de "250 mil dólares, ou mais, se precisassem de mais capital".

Em outro caso, um diretor de tecnologia interessado na área de saúde estava dando consultoria a uma startup voltada para o mercado fitness para veganos e de treinamento de força para esse público. Na rede digital, esse diretor pediu aconselhamento e conexões que o ajudassem a divulgar um desafio no mês de janeiro. Em seguida, recebeu cinco respostas com ideias diferentes daquelas propostas por sua equipe, além de ofertas de conexão, reuniões presenciais para *brainstorm*, e um importante contato com os criadores de um documentário sobre veganismo produzido por Leonardo DiCaprio. A partir das conexões estabelecidas na Givitas, a equipe de DiCaprio compartilhou o desafio de janeiro nas mídias sociais. Atualmente, estão trabalhando em outros tipos de colaboração.

Plataformas como a Givitas permitem que as pessoas obtenham aquilo de que precisam, sem recorrer repetidamente aos mesmos especialistas ou às pessoas de sempre, porque as solicitações são descentralizadas e transmitidas por meio de uma ampla rede.[31.]

Equipes e companhias de tecnologia avançada podem até construir as próprias plataformas colaborativas a partir do zero. A empresa global de contabilidade e consultoria PwC, por exemplo, criou o Spark, um sistema projetado e controlado por usuários que incorporam atributos de redes sociais populares.[32] Doze meses depois do lançamento, o Spark tinha cem mil usuários ativos, sendo que 95% da equipe da PwC usou a plataforma em um período de noventa dias.

A companhia de óleo e gás ConocoPhillips desenvolveu uma plataforma bem-sucedida que permitiu redes adaptáveis, interações ágeis e colaboração. No período em que eu escrevia esta seção, mais de treze mil colegas faziam parte de uma ou mais redes de compartilhamento de conhecimentos, gerando mais de 125 mil casos de solução de problema postados e centenas de milhões de dólares em valor de negócios.[33] A CTP da ConocoPhillips era orientada por Dan Ranta, que foi diretor de conhecimento da empresa por dez anos. Hoje, ele é líder de compartilhamento de conhecimento da GE, onde, em apenas dois anos, construiu 147 comunidades ativas de negócios para uma empresa muito maior que a ConocoPhillips. O objetivo de cada comunidade de negócio, Dan me explicou, é "levar o conhecimento certo para a pessoa certa na hora certa".[34] A confiança é a maior preocupação de Dan. Por isso, cada comunidade é fechada e só membros podem participar. E a governança da comunidade é de importância crítica. A curadoria de todo conteúdo é feita por uma equipe especialista. Além de monitorar o desempenho de cada plataforma, Dan oferece treinamento regular, compartilha as melhores práticas, conduz avaliações internas e muitas outras atividades para construir, apoiar e sustentar as comunidades. "Sem governança, não há chance de sucesso", disse Dan.

Na IBM, mais de 65 mil empregados do mundo todo se cadastraram para usar o Beehive, o site de rede social global da empresa, entre 2007 e 2011. Como o acelerador digital de Lauren Acquista, a IBM incentivou os funcionários a usarem a plataforma para compartilhar detalhes pessoais, postar fotos de família e eventos divertidos, e se conectarem no nível pessoal.[35] Pesquisadores que analisaram o Beehive descobriram que "conectar-se em uma rede social foi a fonte de satisfação pessoal" que fez aumentar a motivação para trabalhar em equipe.[36] O Beehive também utilizava elementos de gameficação para facilitar a geração de ideias, novos projetos e colaborações, feedback relacionado ao trabalho e novas conexões entre equipes e departamentos. Mas, ainda assim, o foco da conexão interpessoal era a mais importante.

Com o tempo, a IBM substituiu o Beehive pelo SocialBlue, eliminando as características de jogo do Beehive.[37] No Beehive, os usuários ganhavam pontos por postar listas, fotos e comentários; mudavam de nível quando acumulavam um determinado número de pontos; os distintivos de cada novo nível eram exibidos em suas páginas profissionais de usuário. Quando as características de jogos foram eliminadas, o engajamento na plataforma diminuiu drasticamente.[38] Por quê? Porque o sistema ficou despersonalizado sem as características de jogo, e os participantes perderam a sensação de pertencimento, que é vital para o uso e a participação continuados.[39]

Esses exemplos são consistentes com uma pesquisa que mostra que os funcionários abandonam um sistema se não encontram nele valor suficiente; isso também acontece quando seus pares deixam de usar o mesmo sistema.[40] "Sem liderança apoiadora, algumas mudanças culturais e alinhamento próximo com outras atividades", disse a especialista em colaboração Heidi Gardner, uma CTP não vai se tornar relevante.[41] É preciso tempo, paciência, criatividade, experimentação, tentativa e erro, aprendizado e apoio incansável para começar uma comunidade, ganhar impulso e ultrapassar o ponto de inflexão rumo a um estado autossustentável. Dan Ranta, da GE, compara o processo ao "efeito volante" descrito por Jim Collins em *Empresas feitas para vencer*.

Empurre, e, aos poucos, o volante começa a girar; ele ganha impulso; pode ser devagar, mas de maneira constante, e, em algum momento, acontece um avanço.

Resumo

Pedir além das fronteiras expande a rede de dar-receber, praticamente garantindo que você vai encontrar a resposta ou o recurso de que precisa. Entre as práticas organizacionais que constroem pontes além das fronteiras, estão redes de colaboração cruzada, programas de educação continuada, orçamento flexível e cérebro de confiança. A tecnologia expande as possibilidades ao proporcionar encontros aleatórios, eventos de grande escala, videoconferências, desenvolvimento de aplicativos de mensagens e plataformas de tecnologia colaborativas. Escolha qualquer ferramenta e experimente. E, se ela não der resultado imediato, lembre-se da metáfora do volante: continue girando. Com pressão gentil, mas implacável, você vai ganhar impulso e estabelecer uma cultura de pedir, dar e receber além das fronteiras.

Reflexões e ações

1. O quanto é fácil ou difícil para você e/ou para colaboradores da sua empresa pedir além das fronteiras internas ou externas? Por quê?
2. Em que medida os departamentos organizacionais são um problema em sua organização?
3. Quais são os problemas mais fáceis de resolver? Quais departamentos teriam mais benefícios com a construção de pontes entre si?
4. Qual prática organizacional seria mais adequada para lucrar com a oportunidade que você identificou no exercício de n° 3? (Você pode pensar em usar mais de uma ferramenta)

5. Qual tecnologia ajudaria você a pedir além das fronteiras?
6. Faça o experimento! Não desista, continue tentando, persista até fazer o volante girar.

7

Reconhecimento e recompensas

Quando eu era um professor assistente inexperiente e focado em publicação de pesquisas, às vezes encontrava problemas estatísticos que não sabia como resolver ou um procedimento estatístico estranho que não conhecia. Eu tinha algum conhecimento em estatística, mas não era exatamente um estatístico profissional. Em determinado momento, fiquei tão emperrado que decidi procurar um especialista na universidade e pedir ajuda. Ele respondeu minha pergunta, mas só depois de revirar os olhos e comentar: "Pensei que *todo mundo* aprendesse isso na faculdade. Parece que você não aprendeu". Consegui a solução de que precisava, mas me senti tão desestimulado pelo comentário dele, que passei alguns dias sem conseguir trabalhar no projeto.

Quando precisei novamente de ajuda com um problema, voltei a procurá-lo, presumindo que ele estava em um dia ruim naquela primeira ocasião. Dessa vez, quando fiz minha pergunta, ele suspirou e disse: "*Todo mundo* sabe que isso está na *bíblia* da estatística". Em seguida, tirou um livro grosso da estante e o jogou para mim. Como antes, consegui a resposta que queria, e mais uma cicatriz no ego.

Gato escaldado tem medo de água fria. Encontrei outro especialista a quem pedir ajuda.

A reação dele foi totalmente diferente. "Ah, *essa* é uma pergunta interessante!", ele disse. Depois explicou por que era interessante e trabalhou comigo para encontrarmos uma solução. Dessa vez, recebi a ajuda de que precisava *e* a motivação para aplicar o que aprendi. Voltei mais algumas vezes, e a experiência era cada vez mais positiva, o que só consolidava nossa relação profissional. Depois de um tempo, colaboramos em um projeto de pesquisa e fomos coautores de uma publicação em um importante jornal acadêmico.

Em nossa sociedade, o ato de ajudar é quase sempre reconhecido e recompensado, seja na forma de gratidão, status elevado ou outro benefício. Mas e *pedir* ajuda? Alguns podem dizer que simplesmente receber a ajuda de que precisamos já é uma recompensa. Mas, como demonstra a minha história, nem toda ajuda é igual. O *como* – de que maneira a solicitação é recebida, como o solicitante é tratado e como a ajuda é concedida – determina se somos desestimulados ou incentivados a tornar o ato de pedir uma prática pessoal.

Por isso, reconhecer, valorizar e recompensar quem pede ajuda é tão importante quanto valorizar quem responde ao pedido. Neste capítulo, descrevo algumas práticas, formais e informais, que reforçam o ciclo de dar-receber. Mostro como empresas e equipes podem se beneficiar ao recompensar o dar *e* o receber, e como essas práticas podem apoiar e fortalecer as ferramentas que você aprendeu nos capítulos anteriores.

O poder do reconhecimento no trabalho

Pense em quando você foi reconhecido por uma grande realização. Pode ter sido o elogio de um chefe, treinador, professor ou pai. Pare por um momento, feche os olhos e reviva a experiência.

Como se sente?

Tenho certeza de que a lembrança traz de volta bons sentimentos, porque o reconhecimento é uma necessidade humana fundamental. Reconhecimento nos diz que somos valorizados, que fomos incluídos, aceitos e apreciados. Somos motivados por reconhecimento e desmotivados pela falta dele. E estudos mostram que o reconhecimento produz incontáveis benefícios no local de trabalho.[1] Os que se sentem reconhecidos são mais engajados, mais produtivos e mais satisfeitos no trabalho; se esforçam mais; são mais confiantes e mais animados em relação às perspectivas de mudança; e são menos propensos a desistir, em parte porque estão mais inclinados a acreditar que seus líderes querem construir um local de trabalho positivo e humano, no qual o bem-estar de cada funcionário é primordial.[2] Receber elogios eleva até os níveis de dopamina no cérebro, o que produz emoções positivas.

Infelizmente, mais de 20% dos funcionários que trabalham em regime integral nos Estados Unidos relatam que *nunca* receberam reconhecimento por suas contribuições no trabalho, de acordo com uma pesquisa feita pelo Globoforce Workplace Research Institute.[3] Outros 30% dizem que não foram reconhecidos nos últimos seis meses ou mais. Isso significa que muitas empresas abrem mão dos benefícios de criar uma cultura na qual os funcionários se sintam reconhecidos pelo que fazem.

"Quando as pessoas não têm reconhecimento suficiente, elas se perguntam: 'Por que estou fazendo isso? Ninguém liga'", disse David Grazian, ex-vice-presidente e diretor de impostos corporativos na Granite Construction, Inc., uma empresa de construção civil sediada na Califórnia e com valor de mercado de três bilhões de dólares, classificada pela *Forbes* como uma das Cem Companhias Mais Confiáveis da América.[4] "As pessoas querem reconhecimento; querem ser notadas e reconhecidas", afirmou David.[5]

As pessoas podem ser reconhecidas por muitas coisas: por utilizar seus pontos fortes e suas habilidades, por realizações e conquistas, por contribuir com os objetivos, a missão e a visão da organização.[6]

Neste capítulo, porém, me concentro especificamente no reconhecimento que motiva pedir e dar ajuda. E, embora muitas práticas sobre as quais você vai ler neste capítulo tenham sido criadas originalmente para reconhecer o *dar*, não o *pedir*, todas elas podem ser adaptadas para reconhecer também quem pede aquilo de que precisa. Muitas vezes, é necessária apenas uma mudança de perspectiva.

Obrigado por pedir!

Todos os dias, somos cercados por oportunidades para reconhecer as pessoas quando elas dão ajuda *e* quando a pedem. O melhor tipo de reconhecimento é aquele frequente e repetido – por isso o reconhecimento informal, corriqueiro é tão efetivo. "Exercícios de elogio formal funcionam por pouco tempo – eles têm um prazo de validade curto", comentou David Grazian. "Em minha opinião, reconhecimento e interesse devem ser demonstrados regularmente em interações normais. As pessoas precisam de um sentimento diário de reconhecimento e apreciação pelo que fazem."

Porém, para ser eficiente, esse reconhecimento precisa ser autêntico. "Reconhecimento autêntico faz as pessoas se sentirem apreciadas, inteiras, sentindo que contribuem", disse Kevin Ames, diretor do O. C. Tanner Institute, uma firma de reconhecimento e engajamento global, e coautor do livro *Appreciate: Celebrating People, Inspiring Greatness.*[7] Temos antenas sensíveis para a falta de autenticidade. Programas e práticas de reconhecimento são ineficientes caso não sejam usados para oferecer reconhecimento autêntico.

Candice Billups é uma zeladora que trabalhou na manutenção geral dos hospitais da Universidade de Michigan por mais de trinta anos. Seu trabalho no centro de oncologia era limpar e encerar o chão; limpar banheiros, cuidar do estoque de papel higiênico, lenços de papel e papel-toalha; e limpar respingos de substâncias químicas, vômito e dejetos de pacientes incontinentes. Se você conversar com Candice a respeito, ela vai dizer que seu trabalho é de relações públicas. Ela conversa com os pacientes, conta piadas e os faz rir, é confidente e os conforta. "Amo meus pacientes", disse Candice, "Amo todos eles. Quando vou para casa, me sinto muito agradecida".[8] A alta liderança do hospital reconheceu Candice de forma autêntica. Por exemplo, enviou um memorando detalhado sobre ela a todos os funcionários do hospital, elogiando sua imensa dedicação e serviços prestados.

Muitas empresas adotam alguma combinação de reconhecimento forma e informal, mais um sistema de compensação, vantagens ou outras recompensas materiais, para motivar as equipes a trabalharem bem. Psicólogos motivacionais se preocupavam que a possibilidade de oferecer motivadores extrínsecos como forma de reconhecer ou compensar pudesse minar ou "superar" motivadores intrínsecos, como a satisfação pessoal que sentimos com o trabalho. Bem, isso certamente não aconteceu com Candice e, na verdade, uma gigantesca meta-análise de quarenta anos de estudos científicos sobre esse assunto conclui que a motivação intrínseca continua sendo um preditor de desempenho de média a forte, inclusive na presença de recompensas monetárias.[9] Motivadores intrínsecos e extrínsecos coexistem em toda situação de trabalho, e, para criar uma autêntica cultura de contribuição, a melhor abordagem é encontrar um equilíbrio funcional entre eles.

Você pode acrescentar rotinas de reconhecimento a qualquer ferramenta de equipe (veja o Capítulo 5), ou prática organizacional ou tecnologia que estimule os pedidos além das fronteiras (veja o Capítulo 6). Palavras de reconhecimento podem ser uma declaração a toda a equipe ("Obrigado a todos pelos pedidos que vocês fizeram hoje!") ou individuais ("Obrigado pelo pedido que você fez hoje. Esse assunto é importante e todos nós vamos aprender com você.") A fase pré-voo de uma nova equipe é uma oportunidade para estabelecer reconhecimento – tanto por pedir quanto por dar – como norma. ("Sabemos que pedir ajuda é tão fundamental para o nosso sucesso quanto ajudar. Vamos reconhecer quem pede ajuda *e* quem ajuda."). Já a fase pós-voo é uma oportunidade para olhar para trás e perguntar: "Reconhecemos e apreciamos os que pediram ajuda tanto quanto aqueles que a deram? O que fizemos bem? E o que podemos fazer melhor na próxima vez?"

Qual é a melhor maneira de dar reconhecimento às pessoas?

Deborah foi uma das melhores assistentes administrativas que já tive. Quando eu falava com ela, recebia sua total atenção. Quando eu pedia alguma coisa, ela era totalmente confiável. Nunca tive que me preocupar com a possibilidade de uma tarefa não ser feita no prazo ou ser esquecida. Com frequência, minha assistente até antecipava uma necessidade e a resolvia antes de eu pedir. Deborah era assim com todo mundo, e queríamos que ela fosse reconhecida por isso. Compramos um buquê de flores e um cartão-presente, com a intenção de entregar diante de toda a equipe do escritório. Quando Deborah descobriu nossa surpresa, ficou tão mortificada que quase saiu correndo do prédio. Percebemos, então, o nosso erro: ela era uma pessoa quieta, envergonhada e introvertida que, de maneira geral, odiava ser o centro das atenções. Fazia todo sentido encarar um reconhecimento público como um castigo, em vez de recompensa. Felizmente, percebemos isso a tempo e entregamos as flores e o cartão em uma reunião pequena, discreta e informal à mesa dela.

A pergunta "Qual é o melhor jeito de dar reconhecimento às pessoas?" é complicada. Não existe um jeito melhor. As pessoas têm maneiras diferentes de gostar de serem reconhecidas. É importante entender que cada pessoa é um indivíduo e considerar sua personalidade. Essa pessoa gostaria de uma grande demonstração pública de gratidão, ou prefere que o reconhecimento seja demonstrado pessoalmente, de forma intimista? Ficaria mais confortável com um bilhete, um telefonema, post-it, e-mail ou mensagem de texto? Ou ficaria feliz com um certificado de reconhecimento, uma nota de apreciação em uma *newsletter*, um anúncio em reunião ou evento? Para que o reconhecimento seja significativo, o conteúdo também deve ser personalizado para quem o recebe.[10] "Aprendi que um elogio importante é aquele específico", diz Ari Weinzweig, um dos fundadores e CEO da Zingerman's Community of Businesses.[11] "Embora agradecimento e elogios generalizados não façam mal a ninguém", ele diz, "é mais útil ser específico sobre o que realmente valorizamos. Dessa forma, as pessoas ficam cientes do que podem fazer para serem mais efetivas no trabalho". Oferecer um reconhecimento personalizado mostra que você está atento ao que a pessoa valoriza e considera importante.

Meu agente literário Jim Levine, sobre quem você leu no Capítulo 5, contou como reconhecer as pessoas que pedem ajuda foi fundamental para o crescimento de sua agência. Apesar das diretrizes por escrito da agência, que incentivam explicitamente pedir ajuda, uma análise de desenvolvimento com Cristela, gerente comercial, revelou que ela não pedia a ajuda de que precisava. Quando Jim e os sócios perguntaram se não estava claro que todos no escritório tinham abertura para pedir ajuda, ela disse: "Sim, vocês foram claros. Mas, como sabem, sou muito tímida".

Jim sempre fez um esforço pessoal extra para reconhecer a contribuição de seus funcionários. Ele conversa com cada pessoa em reuniões quinzenais de equipe. Mas percebeu que não reconhecia as pessoas por "pedirem", pois presumia que isso já fazia parte da cultura da agência. Na reunião seguinte, ele fez questão de agradecer nominalmente a todos que faziam perguntas.

Foi gratificante quando, pouco depois disso, Cristela procurou Jim e os outros sócios para pedir mais responsabilidades em seu trabalho da agência. Victoria, uma agente sênior, sugeriu que Cristela começasse com uma tarefa editorial, como revisar originais. As revisões de Cristela eram ótimas. Foram muito apreciadas por Victoria, Jim e os autores. A partir disso, Cristela passou a ter mais responsabilidades em sua função de revisora editorial.

Qual é a lição dessa história? Mesmo que você acredite estar cultivando uma cultura que promove o pedir, pode ser necessário tomar medidas extras para ser compreendido por determinadas pessoas. Além disso, pode ser preciso tomar atitudes para garantir que a comunicação organizacional incentive o ato de pedir e o reconheça.

Um agradecimento no fim de uma reunião em pé, em um encontro de grupo, em uma oficina de colaboração cruzada ou em um grande evento é um jeito simples de reconhecer informalmente um pedido que foi feito. É ainda mais fácil reconhecer ou elogiar pedidos feitos durante em reuniões, via aplicativos de mensagens ou em plataformas de tecnologia colaborativa. Por exemplo, quando recebo um pedido de aluno por e-mail, normalmente começo a resposta com "Obrigado por perguntar!" Na Givitas, já li "Obrigado por postar!" como a primeira frase em muitas respostas a pedidos. E você pode agradecer pessoalmente, é claro, como fiz com o segundo especialista em estatística que me disse: "Essa pergunta é interessante!" Fazer um reconhecimento informal deixa claro a todos que incentivamos os pedidos de ajuda.

Outra prática é a "Moedas no Seu Bolso", desenvolvida pela coach profissional Marian J. Their.[12] Como Dani Frankhauser, diretora de marketing de conteúdo na Reflektive, descreveu o exercício em um post de blog para a Give and Take, Inc., de manhã, simplesmente coloque dez moedas de 1 centavo no seu bolso direito.[13] Durante o dia, procure pessoas para oferecer reconhecimento. Para cada reconhecimento oferecido, transfira uma moeda de 1 centavo para o bolso esquerdo. O objetivo é ter transferido todas as moedas para o bolso esquerdo no fim do dia. Práticas como Moedas no Seu Bolso elevam a consciência e a atenção; alertam para as oportunidades diárias à sua volta, em que você pode expressar reconhecimento a quem pede e dá ajuda.

Muros de gratidão

O Center for Positive Organizations (CPO) usa a ferramenta Cubos de Açúcar para reconhecer as pessoas que dão e recebem. Os "Cubos de Açúcar" são um conjunto de envelopes coloridos pendurados em um varal no corredor. Cada membro da comunidade do CPO tem um envelope. Alunos, funcionários, educadores e até visitantes usam os envelopes para compartilhar notas de gratidão e elogios e, em alguns casos, ofertas de ajuda.

Todas as sextas-feiras, durante o ano letivo, um grupo de cinquenta universitários se reúne com funcionários e educadores em uma oficina do CPO. Cada reunião começa com participantes andando pela sala e compartilhando algo bom que aconteceu naquela semana. Durante um encontro, um aluno chamado Dan (não é seu nome verdadeiro) citou que "sobreviveu à semana".[14] Em seguida, começou a descrever uma semana de decepções ininterruptas – reprovação em vagas de emprego, dinâmicas de grupo difíceis e conflitos com a namorada de muitos anos. Betsy Erwin, diretora-associada sênior e chefe de educação, ouviu essa declaração como um pedido de ajuda. "Antigamente", Betsy me contou, "eu trabalhava em serviços de carreira para MBA. Então, achei que poderia ajudar o Dan". Betsy deixou um bilhete no envelope Cubos de Açúcar de Dan, informando que gostaria de saber mais detalhes sobre sua semana ruim e que estava disponível para conversar, se ele quisesse aconselhamento. Embora Dan tenha relutado um pouco no início em pedir e aceitar ajuda para suas dificuldades, o bilhete de Betsy agradecendo por ele ter compartilhado sua semana foi o incentivo de que ele precisava. "Uma semana depois, e algumas vezes depois disso", disse Betsy, "encontrei Dan para um café com aconselhamento de carreira".

Cubos de Açúcar é uma ferramenta que Chris White, diretor administrativo do CPO, aprendeu quando era estudante e participava da AIE-SEC, uma plataforma global dedicada ao desenvolvimento de jovens líderes. Usada originalmente para expressar sentimentos doces (daí o nome), Cubos de Açúcar é um exemplo do que se costuma chamar de "muro de gratidão". O muro de gratidão é uma prática de reconhecimento comum que pode tomar várias formas. No Hopelab, o laboratório de inovação social de que falei no Capítulo 6, cartões de "gratidão" em branco são exibidos em uma parede; qualquer membro da equipe que queira expressar gratidão pega um cartão, escreve uma mensagem e o entrega para uma pessoa ou o prende novamente à parede. Uma pesquisa mostra que expressar gratidão tem efeitos de longo prazo em quem dá e quem recebe, e que a gratidão abastece o ciclo de dar e receber.[15.] Você pode usar o muro de gratidão para expressar reconhecimento a quem ajuda *e* a quem pede ajuda.

Programas de reconhecimento formal

O céu é o limite – literalmente – quando se fala em maneiras criativas de reconhecer o esforço das pessoas. Pouco depois que minha ex-aluna de PhD Kathryn Dekas começou a trabalhar no Google, seu gerente de equipe manifestou apreciação pelo trabalho duro de todos, oferecendo a eles uma tarde de paraquedismo indoor: uma atividade ingênua em que as pessoas sentem a adrenalina do paraquedismo, pulando em um túnel vertical de vento e "voando" em uma coluna de ar. Kathryn hoje é chefe do Google's People Innovation Lab (Laboratório de Inovação de Pessoal do Google), conhecido como PiLab, e sua experiência com paraquedismo é só um exemplo das muitas formas como o Google reconhece o esforço de seus funcionários.

Além dos passeios malucos (das festas, visitas a spas ou resorts, entre outros), o Google também reúne programas de reconhecimento formal e ferramentas para reconhecer o ato de pedir.[16] Existe o gThanks ("g-obrigado"), em que os funcionários podem mandar bilhetes de gratidão uns para os outros. "Você só insere o nome de alguém, digita 'parabéns' e depois escreve uma mensagem", explica Laszlo Bock, antigo vice-presidente sênior de pessoal no Google.[17] O gerente do destinatário é automaticamente notificado, e os parabéns são anunciados de forma que todos na empresa possam ver. Bock se tornou conhecido inclusive por imprimir os parabéns enviados para os membros de sua equipe e pendurá-los no "Muro da Felicidade" em seu escritório.[18] A opção "bônus do par" no gThanks incentiva o Google a reconhecer seus pares que cumpriram mais do que suas tarefas. O destinatário recebe um prêmio padrão de 175 dólares. O gerente do destinatário é notificado, mas não é necessário ter aprovação prévia para a concessão de um bônus do par. Gerentes também concedem prêmios pontuais aos funcionários que causam grande impacto nos negócios. Quanto maior o impacto, maior o bônus, diz Mary Beth Heine, especialista em compensação do Google.[19]

Práticas como essas não são exclusivas do Google. Mais de 80% das organizações norte-americanas têm programas de reconhecimento de funcionários, e cada um deles tem diferentes facetas.[20] Vejamos, por exemplo, o programa High-5, desenvolvido pela Algentis, uma empresa de terceirização de RH na área da Baía de São Francisco, que hoje é parte do HUB International. Esse programa permitia que cada funcionário presenteasse outro funcionário com um High-5 – um cartão-presente da Amazon de 25 dólares – por "não medir esforços para ajudar", explicou Alexis Haselberger, que você conheceu no Capítulo 5. Um High-5 não precisava de aprovação da gerência, e cada pessoa podia presentear até dois por mês. "Os High-5 realmente aumentaram a colaboração entre equipes", explicou Alexis, "e deu visibilidade a pessoas que estavam realmente ajudando os colegas de trabalho". É fácil ver como conceder um High-5 àqueles que *pedem* ajuda provocaria um impacto positivo na colaboração e no trabalho em equipe.

Uma startup de tecnologia em Boston tem um programa formal de premiação com base em valores, que reconhece membros da equipe que ajudaram os colegas. Todas as sextas-feiras, os funcionários recebem um e-mail pedindo indicações. Todos podem indicar qualquer pessoa. O CEO, então, inclui todas as indicações em uma mensagem de e-mail enviada no domingo a todos da empresa. As indicações também são inseridas em um canal de "valores" no Slack. A pesquisa mostra que programas de reconhecimento ligados aos valores centrais da empresa são mais efetivos do que programas de reconhecimento que não têm essa ligação.[21] Então, por que não fazer do pedir um valor essencial e reconhecer quem pede?

As ferramentas de reconhecimento formal que mencionei até agora são domésticas, mas também existem muitas plataformas de reconhecimentos prontas para uso. Por exemplo, a O. C. Tanner oferece uma série de ferramentas de reconhecimento e recompensa, com mais de treze milhões de usuários no mundo todo. Reward Gateway, Halo Recognition, Bonusly e outras plataformas de terceiros têm características e funções para fornecer bônus aos pares, congratulações, comemorações e outros. Cook Inlet Region, Inc. (CIRI) em Anchorage, Alasca, usa o KudosNow, uma plataforma de reconhecimento social de pessoa para pessoa, cujo conceito é semelhante ao gThanks do Google. "Tentamos encontrar meios de reconhecer alguém que personifica nossos valores", explicou Molly Webb, gerente-sênior de recursos humanos da empresa.[22] Todos os meses, o Rewards and Recognition Comittee (Comitê de Recompensas e Reconhecimento) propõe um desafio diferente – como "honra e respeito", por exemplo. Talvez o CIRI um dia crie um desafio mensal centrado em pedir!

A GTB, uma empresa global de mídia, usa a plataforma You EarnedIt! (YEI) para seu sistema de bônus. Com escritórios e filiais espalhados pelo mundo, a empresa acredita que essa ferramenta facilita as expressões de reconhecimento destinadas a qualquer funcionário, em qualquer lugar. Kiran Chaudhri Lenz, diretor e gerente de programa de operações comerciais, diz: "A plataforma YEI é muito equitativa, muito visível".[23] O reconhecimento é contabilizado em pontos, que o destinatário pode trocar por vales-presente, doações a obras de caridade ou receber vantagens na empresa. Alguns funcionários, disse

Kiran, usam os pontos para comprar mais pontos e expressar reconhecimentos por outros colegas. Como todas as ferramentas que descrevi, o YEI pode ser usado para reconhecer quem pede e quem dá ajuda. Isso não significa reprogramar o sistema; os pontos YEI podem simplesmente ser concedidos por boas perguntas e solicitações.

O homem da montanha e a caravana

Ravi não conseguiu evitar uma pontinha de inveja quando desejou "bon voyage" à sua colega. No dia seguinte, ela embarcaria em uma viagem para o Havaí com todas as despesas pagas; recentemente, ela assumira a liderança no quadro de vendas, e a viagem era uma bonificação.[24] Mas Ravi sabia que uma parte significativa dos números espetaculares obtidos por sua colega era consequência de uma dica lucrativa que ele compartilhara com ela. A empresa incentivava a troca de dicas e ajuda entre os membros da equipe de vendas, mas não propunha uma forma de dividirem as recompensas.

A história de Ravi exemplifica um problema comum conhecido como "a loucura de recompensar A, esperando por B".[25] Sua empresa alegava querer incentivar a cooperação entre os profissionais de vendas, mas, ao recompensar o desempenho individual, acabava criando uma competição. Infelizmente, esse problema não é raro. Meu colega John Tropman, especialista em compensação, chama isso de "o homem da montanha e a caravana".[26] O homem ou mulher da montanha é um individualista duro, que vive ou morre sozinho. A caravana é um grupo de colonos que se une, aumentando as chances de sobrevivência pela cooperação entre si. Vários sistemas de compensação, explicou John, recompensam o homem ou mulher da montanha, quando, na verdade, equipes e companhias efetivas funcionam como caravanas.

Felizmente, é possível manter essa loucura sob controle, implementando sistemas que recompensem de forma autêntica os comportamentos que você deseja incentivar.

Gerenciamento de desempenho ágil

Quando a Deloitte – a maior firma de serviços profissionais do mundo – abandonou seu sistema tradicional de gerenciamento de desempenho, também abriu mão de rituais anuais que estabeleciam metas para o início do ano e ofereciam avaliações no fim do ano.[27] Outras companhias estão fazendo a mesma coisa.[28] A abordagem tradicional do gerenciamento de desempenho – mais focada em responsabilidade por resultados passados do que em melhoria de desempenho no futuro – era inconsistente, consumia muito tempo e não acompanhava a necessidade de rapidez e agilidade. No fim do ano, olhar para os objetivos estabelecidos no início do ano era "como olhar para um velho álbum de fotografias", disse Erica Bank, líder de desempenho na Deloitte.[29] Você reconhece a imagem, mas ela está desatualizada. Então, a Deloitte se dedicou a substituir o antigo sistema por outro que refletisse o atual ritmo de trabalho.

O trabalho da Deloitte se baseia em projetos, e, no fim de cada um deles, o gerente ou o líder de projeto registram uma "foto de desempenho" rápida de cada membro da equipe. Esse registro é composto por uma avaliação rápida com quatro perguntas e comentários.[30] Essa ação captura o valor do trabalho de cada pessoa, e como ela trabalha para obter resultados; também identifica funcionários que estão prontos para uma promoção, ou aqueles que estão com um desempenho ruim e podem se beneficiar de uma ação corretiva. Em geral, cada funcionário tem de sete a doze fotos por ano, explicou Erica. O maior número até agora é de 42. Para trabalhos que não se baseiam em projetos, as fotos de desempenho são feitas quatro vezes por ano. Os resultados de cada registro não são compartilhados com a pessoa; mas, entre uma e quatro vezes ao ano, a pessoa tem acesso a um gráfico de dispersão que mostra sua posição em relação a outros funcionários. A partir desse resultado, o líder se reúne com o funcionário para abordar os pontos fortes, os bons resultados, o que precisa ser melhorado, ou mudanças de comportamento. Por exemplo, o funcionário pode ser treinado para pedir ajuda com mais frequência, em vez de fazer tudo sozinho.

Check-ins são outra nova característica do sistema. A cada uma ou duas semanas, espera-se que um funcionário peça ao seu líder para ter uma conversa breve sobre o trabalho atual e os que vêm em seguida; a iniciativa nunca é do líder. O check-in "normaliza o ato de pedir", disse Erica. É uma "bênção organizacional que se possa pedir atenção, ou feedback, ou ajuda". Por exemplo, um profissional pode procurar seu gerente para pedir um check-in: "Tenho uma reunião com um cliente importante em breve, e preciso de ajuda".

No final do ano, os dados de desempenho capturados em tempo real ao longo de todo o ano servem como base para decisões de compensação. Esses dados incluem fotos de desempenho, métricas (utilização ou vendas feitas), e outras atividades que o profissional possa ter desenvolvido em nome da empresa, como conduzir um seminário ou dar uma aula. O resultado, disse Erica, é uma conversa com muito mais nuances sobre desempenho e compensação contínuo do que fatores de colaboração e trabalho em equipe, além de resultados quantitativos.

"Zero Dark Thirty" e outros minigames para recompensas e lucro compartilhado

"Precisamos de mais queixas de clientes!", exclamou Ron Maurer, chefe administrativo da Zingerman's Comunity of Businesses (ZCoB). Ron chefia a Zingerman's Service Network (ZSN), que é responsável por prestar serviços compartilhados – recursos humanos, tecnologia, marketing, finanças, contabilidade, web e mais – a todos os negócios da ZCoB. Esses negócios são de clientes da ZSN, e receber mais queixas deles era o objetivo de um minigame da ZSN. Um minigame é um exercício divertido, em pequena escala e de curta duração, criado para incentivar as pessoas a resolver um problema ou capitalizar uma oportunidade. O objetivo do minigame da ZSN não era gerar queixas cometendo mais erros, mas aprender o que a ZSN estava ou não estava fazendo que *causavam* reclamações, e depois reparar esses erros.

A prática típica em uma empresa é esperar elogios e ignorar reclamações. Para ser proativa, a ZSN decidiu usar o minigame, o qual chamaram de "Get Merry with Green & Red" (Fique Feliz com Verde e Vermelho), porque era jogado por dez semanas nas festas de final de ano. Os "jogadores" da ZSN visitavam os encontros semanais realizados em todas as empresas da ZCoB, com a missão de pedir e documentar elogios (código verde) e reclamações (código vermelho) – e depois agir para resolvê-los. O design do minigame especificava três níveis de desempenho, calculados com base no número de verdes e vermelhos submetidos e o número de aperfeiçoamentos processuais implementados; havia recompensas relacionadas a cada um (veja os detalhes do jogo no apêndice). Chegar ao nível 3 em dez semanas, por exemplo, concedia a cada pessoa 150 dólares. O importante nesse minigame não são as recompensas propriamente ditas, mas como elas são concedidas: não são baseadas em desempenho individual, mas em resultados obtidos pela equipe. As vitórias eram compartilhadas, de forma que todos ganhavam o bônus em dinheiro ou ninguém ganhava. Em outras palavras, o minigame era projetado para incentivar os jogadores a cooperarem, e para desestimular a competição entre eles.

John Kohl, CEO da Atlas Wholesale Food Company, usou uma estratégia semelhante na empresa que pertence à sua família há três gerações. Ele mesmo diz que o primeiro minigame que criou foi um fracasso. Devia ter funcionado, mas os funcionários simplesmente não apoiaram. John logo entendeu qual era o problema: as pessoas apoiam aquilo que criam. Então, dali em diante, ele pediu aos funcionários para criarem os próprios minigames, que eram submetidos à sua aprovação.

A oportunidade desencadeou uma explosão de imaginação e criatividade. Por exemplo, os empregados criaram o "Zero Dark Thirty: A Cruzada para Assassinar Erros" para reduzir o número de erros encontrados no turno da noite (e que resultavam em remessas de pedidos incorretos). Como com o minigame "Fique Feliz", as vitórias eram "um por todos e todos por um" – ou todos os jogadores ganhavam o prêmio (podiam escolher um conjunto de ferramentas poderosas ou uma caixa de luxo para ferramentas), ou ninguém ganhava. Esse minigame reduziu os erros encontrados em 37% em apenas quatro semanas. E os bons resultados continuaram bem depois que as quatro semanas terminaram.

Os minigames são excelentes porque podem ser usados para incentivar praticamente qualquer coisa.[31] A ShopBot Tools, Inc., fabricante das ferramentas de corte CNC (sigla em inglês para "controlado numericamente por computador"), criou um minigame interno para conseguir mais relevância nas mídias sociais. Chamado de "#Hippies", os jogadores ganhavam três brownies por postar conteúdo original e um brownie por repostar conteúdo. A equipe poderia ganhar uma festa de verdade com brownies por conquistar cem brownies em trinta dias; camisetas *tie-dye* por trezentos brownies em sessenta dias; e uma festa com patinação por seiscentos brownies em noventa dias. A maior parte dos trabalhadores era de operários que ganhavam por hora, funcionários que não tinham perfis em redes sociais ou não sabiam como usá--las. Por isso, muitos funcionários começaram a perguntar coisas como "'Como crio minha conta? Como uso essa rede social? Como posto ou reposto?', e assim por diante", lembrou Anne-Claire Broughton, que é conselheira da ShopBot. Houve muitos pedidos de ajuda e ofertas de ajuda para que ganhassem o jogo – e eles venceram, recebendo os três prêmios.

Pedir ajuda não era o principal objetivo do minigame da ShopBot, mas, sem pedir, era quase impossível vencer. Funciona assim em quase todos os minigames. Esse tipo de ferramenta é um meio pelo qual uma equipe procura a causa de um problema e a encontra; também pode ser usada para aprender a melhor forma de tirar proveito de uma oportunidade. Enquanto jogam o minigame, os jogadores precisam pedir muita ajuda, não só aos membros da equipe, mas além das fronteiras, porque a informação, os recursos ou o conhecimento de que se precisa estão, frequentemente, fora da equipe. Os membros da equipe fazem perguntas e pedidos, e trabalham juntos para conceitualizar, projetar, jogar e vencer um minigame.[32]

Como seria um minigame projetado *explicitamente* para aumentar os pedidos? Sabemos que esse jogo seguiria as mesmas diretrizes de todos os minigames: conhecer as regras e ensiná-las, registrar pontuação e compartilhar o sucesso (veja as diretrizes detalhadas dos minigames no apêndice). Digamos, por exemplo, que o objetivo seja incentivar a captação de verba para uma boa causa – algo que, por definição, envolve pedir muito. A equipe pode ser desafiada a captar um valor específico em dinheiro dentro de um prazo determinado; se a equipe alcançar ou ultrapassar essa meta, a recompensa pode ser uma celebração, uma festa, e assim por diante.

Outra abordagem seria usar uma das plataformas colaborativas de tecnologia (veja o Capítulo 6) como meio para implementar o minigame. As métricas embutidas nessas plataformas facilitariam o registro da pontuação. A Givitas, por exemplo, fornece métricas individuais e para grupos, como a quantidade de pedidos e ofertas feita por cada pessoa, além dos números totais de um grupo. Suponha, por exemplo, que a equipe está trabalhando em um projeto complexo que requer colaboração entre os membros, que devem oferecer oportunidades para pedir conselhos, ideias, apoio, informação ou outros recursos para a conclusão do projeto. O minigame poderia utilizar o número total de pedidos como uma forma de métrica. Os membros poderiam fazer pedidos como: "Alguém conhece alguém que tem informações sobre X?", "Preciso de uma revisão rápida de um memorando, alguém pode ajudar?", "Preciso fazer um *brainstorm* sobre determinada questão – quem pode se reunir comigo em quinze minutos?" As recompensas podem ser uma celebração em grupo ou o pagamento de determinada quantia em dinheiro. Como em qualquer minigame, os jogadores devem criá-lo e submetê-lo à aprovação do líder. As pessoas apoiam o que criam e, se você der a oportunidade, elas vão pensar em uma solução realmente criativa.

O Grande Jogo de Negócios

No começo da década de 1980, a Springfield Remanufacturing Corporation (SRC) estava à beira da falência. A remanufatura é um processo complexo e colaborativo que envolve reconstruir um produto – nesse caso, peças e equipamento para mercados agrícola, industrial, de construção civil e transporte – usando uma combinação de peças reutilizadas, reparadas e novas. O CEO Jack Stack observou que a empresa tinha tão pouca rentabilidade que não demorariam para falir, mas, ao mesmo tempo, não conseguia pensar em como reverter a situação. A solução veio quando concebeu a ideia de tratar os negócios como um jogo sério, com regras, pontuação e resultados compartilhados. Para vencer, todos da equipe teriam que pensar e agir como proprietários, entendendo como as operações impactam as finanças e geram lucro, acompanhando o desempenho e ajudando uns aos outros a maximizar ganhos financeiros, que seriam compartilhados entre todos os membros da equipe. Essa abordagem salvou a empresa, e Jack e a SRC transformaram a ideia em um sistema de práticas inovadoras agora conhecidas como O Grande Jogo de Negócios.[33] Hoje, a empresa chama-se SRC Holdings, uma das 25 Melhores Pequenas Empresas da América, de acordo com a *Forbes*, com múltiplos negócios e renda anual de seiscentos milhões de dólares. Mais de dez mil empresas adotaram e adaptaram a metodologia da SRC.

Visitei a SRC em Springfield, Missouri, para ver em primeira mão como o sistema funciona. Na SRC Electrical (SRCE), observei mais de cem trabalhadores reunidos para o encontro semanal. Cada trabalhador sentado à mesa tinha uma pasta de documentos financeiros e operacionais e uma calculadora. As paredes da sala eram cobertas com grandes quadros brancos que exibiam o balancete, a declaração de renda, participação nos lucros e mais. Todos os números eram recentes, atualizados com os dados da semana anterior. Os trabalhadores sabiam exatamente qual era a situação da empresa em termos financeiros e operacionais e, talvez mais importante, podiam acompanhar o progresso rumo à realização de seus objetivos compartilhados. Os administradores e os trabalhadores da SRCE conduziam a reunião; embora revisassem os números, caso houvesse variações em relação às expectativas, eles não acusavam ninguém. Em vez disso, discutiam a história por trás do erro para entender o que havia acontecido e pensar em como corrigir a situação. Munidos dessa informação, eles podiam fazer correções semanais em seu trabalho. E, com seus objetivos e resultados pessoais alinhados, eram muito incentivados a pedir e oferecer ajuda.

A SRC oferece salários competitivos, que garantem a permanência no emprego, se a pessoa fizer um bom trabalho.[34] "Mas se as pessoas fizerem um trabalho melhor que apenas o esperado", disse Jack, "se conseguirem pensar em maneiras de melhorar, a companhia paga um bônus, dividindo com elas o dinheiro adicional que geraram para a empresa. Quanto mais dinheiro elas trazem para a empresa, maior é o bônus."[35] (No apêndice, há mais informações sobre como funciona o cálculo da participação nos lucros.)

O programa de participação nos lucros transforma a empresa em um time, incentivando a cooperação no lugar da competição, e tornando a pedir e dar ajuda em elementos fundamentais para a vitória. "Isso garante que todos da equipe tenham as mesmas prioridades e se mantenham focados nos mesmos objetivos", disse Jack.[36] "Quando um departamento enfrenta problemas, outro manda reforços, e todo mundo entende por quê. É comum que as pessoas nem precisem pedir. Elas se ajudam espontaneamente, mesmo sofrendo grandes inconvenientes. Isso acontece porque o programa conscientiza toda a equipe sobre como dependemos uns dos outros para alcançar nossas metas. Vencemos juntos, ou não vencemos."

Resumo

Reconhecimento e recompensas são motivadores poderosos no local de trabalho. Quando usados de maneira apropriada, fortalecem a efetividade das ferramentas e práticas que descrevi nos capítulos anteriores. Reconhecer quem pede aquilo de que precisa – por meio de elogio e apreciação autênticos, personalizados – é um ingrediente essencial do ciclo pedir-receber. Uma coleção de práticas informais e programas formais de reconhecimento está disponível e pode ser personalizada de acordo com necessidades específicas. Sistemas de compensação e minigames também podem ser usados para estimular os comportamentos de pedir e receber, se forem criados de tal forma que todos compartilhem as recompensas.

Reflexões e ações

1. Como você gosta de ser reconhecido? Como os outros à sua volta gostam de ser reconhecidos?
2. Em seu local de trabalho, as pessoas que pedem ajuda são reconhecidas e recompensadas, ou criticadas e punidas?
3. Procure oportunidades para agradecer às pessoas por perguntarem – de pessoa para pessoa, em equipes ou grupos, ou depois de usarem as ferramentas e práticas dos capítulos anteriores.
4. Adquira o hábito de registrar os detalhes de alguém que você observou fazendo uma solicitação efetiva ou uma oferta generosa de ajuda. Depois, oriente-se por essas anotações quando quiser dar reconhecimento a alguém por pedir ou dar.
5. Se você tem programas de reconhecimento formal em andamento, use-os para expressar apreciação por aqueles que pedem e aquilo que pedem.

6. Proponha e trabalhe com outras pessoas para criar um mini-game para incentivar cooperação, pedir e dar ajuda em sua equipe, ou dentro de sua organização.

7. Como administrador ou líder, faça do comportamento de pedir ajuda uma competência de desempenho, e recompense aqueles que pedem.

8. Use programas de participação nos lucros para compartilhar as recompensas por pedir, dar e receber ajuda.

Apêndice

Projeto de minigame para o "Fique Feliz com Verde e Vermelho" na Zingerman's Service Network

Nome do jogo: "Fique Feliz com Verde e Vermelho"

Descrição do jogo:

As festas de final de ano têm tudo a ver com as cores verde e vermelho. Então, que tal focar nossos objetivos Zplan para aumentar nossos Códigos Vermelhos e Códigos Verdes e ajudar a melhorar os negócios? E vamos nos esforçar mais a partir daí, agindo de maneira sólida e pensando no futuro. Esse esforço tem o propósito de nos envolver mais nesse processo e agir para resolver questões levantadas. Assim, poderemos fazer um trabalho melhor para nós mesmos, nossos departamentos, toda a ZNET e toda a ZCoB.

Nível 1 – Um total combinado de Códigos Verdes e Códigos Vermelhos cedidos dentro da ZSN será o dobro do plano anual de doze. Cada pessoa é responsável por entregar *pelo menos* um Código Verde e um Código Vermelho, para termos pelo menos 24 códigos em nosso ano.

Nível 2 – Implemente cinco melhorias sistêmicas de processo baseadas em Códigos Verdes ou Códigos Vermelhos entregues no Nível 1. A melhoria no processo deve ser digna de ser publicada no Workin', porque um artigo anunciando nossos resultados será publicado na edição de fevereiro da Workin'.

Nível 3 – Implemente quinze melhorias sistêmicas de processo (10 + 5 do Nível 2) com base em Códigos Verdes ou Códigos Vermelhos entregues no Nível 1. A melhoria no processo deve ser digna de estar no Workin', como no Nível 2.

O jogo tem as seguintes regras:
- Acontece de 20 de novembro a 31 de janeiro (dez semanas).
- Só consideramos Códigos Verdes e Códigos Vermelhos relacionados especificamente à ZSN.
- Cada pessoa é responsável por documentar, comunicar e implementar.

Contar pontos:
Vamos avaliar o progresso no jogo ao monitorar os Códigos Vermelhos e Códigos Verdes entregues e avaliar as ações que estão sendo implementadas.

Compartilhar as vitórias:
Um por todos e todos por um. Ou conseguimos ou não conseguimos!

Recompensas:
Nível 1 – Cartão-presente da Zingerman's no valor de vinte dólares.

Nível 2 – 75 dólares – cada pessoa pode escolher entre cartão-presente da Zingerman's, ZBucks ou acréscimo ao salário.

Nível 3 – 150 dólares – cada pessoa pode escolher entre cartão-presente da Zingerman's, ZBucks ou acréscimo ao salário.

A recompensa máxima é de 150 dólares.

Se chegarmos ao Nível 2, ultrapassamos os vinte dólares e recebemos 75 dólares. Se chegarmos ao Nível 3, ultrapassamos os vinte dólares e 75 dólares e recebemos 150 dólares.

Projeto de minigame para o "Zero Dark Thirty" na Atlas Wholesale Food Company

Nome do jogo: Zero Dark Thirty: A Cruzada para Assassinar Erros

Objetivo: menos de trinta erros encontrados ao longo de noventa dias, ou três sequências de cinca dias sem *nenhum* erro.

Objetivo da empresa: aumentar o nível geral de satisfação do cliente, selecionando pedidos perfeitos para que nossos motoristas façam as entregas.

Prazo: noventa dias.

Regras: cada pedido é selecionado e marcado com precisão de 100%. Cada dia *sem* produtos marcados com rótulo incorreto ou sem produtos faltando no caminhão de entrega será contado como "livre de erro". Todos os erros serão submetidos a julgamento da administração. Cada erro encontrado reduzirá o gráfico em um erro. Deve restar pelo menos um erro no gráfico em 28 de junho, ou três sequências de cinco dias sem erros.

Jogadores: todos os separadores e a equipe de depósito que trabalham separando estoque.

Marcação de pontos: cada dia consecutivo sem erros de separação/estoque serão registrados no quadro branco no escritório. Também haverá um quadro com trinta erros nele. Arrancaremos uma folha para cada erro.

Reuniões: resultados, melhorias de processos e ideias serão compartilhados diariamente. Todos os erros serão postados no escritório para análise.

Recompensa: é possível escolher entre um incrível conjunto de ferramentas ou uma caixa de luxo com fechos para guardar ferramentas.

Diretrizes para criação de um minigame*

Definição

Um minigame é um plano de incentivo em pequena escala, criado para resolver um problema ou capitalizar a partir de uma oportunidade. É um jeito rápido, motivador e divertido de fazer melhorias.

Três regras para criar um minigame

1. Conhecer as regras e ensiná-las.
2. Registrar a pontuação em um placar divertido.
3. Compartilhar o sucesso.

Passo 1. Quais são os principais problemas que você quer melhorar em sua organização?

- Escolha seu objetivo.
- Quais resultados financeiros estão em jogo?
- Quais números-chave você tem como objetivo?
- Pense de maneira limitada, não ampla.
- Escolha métricas com poucos fatores.
- Quem vai jogar?
- Quanto tempo vai durar o jogo?
- Como você verificará a viabilidade do jogo?
- Verificações matemáticas e eliminações.
- Existe algum fator desmotivador?
- Existem consequências não intencionais?

---

*. Fonte: Greatgame.com e ZingTrain.com.

Passo 2. Como você vai contar os pontos?

- O que vai contar pontos?
- Quem vai contar os pontos?
- O que é um placar divertido?

Passo 3. Como medimos o sucesso?

- Qual é o benefício apara a organização?
- Como você calcula quem ganha o quê?
- Existem recompensas em dinheiro?
- Existem recompensas simbólicas, celebração?
- Prêmios? (devem ser motivadores e memoráveis)

Cálculos de participação nos lucros na Atlas Wholesale Food Company

O CEO John Kohl implementou o modelo de participação nos lucros desenvolvido por O Grande Jogo de Negócios. Em vez de um bônus anual, os bônus são calculados e pagos a cada trimestre. Assim, os funcionários têm a oportunidade de ganhar mais depressa e com constância. E, dessa forma, é possível relacionar de maneira mais próxima o que eles fazem ao que ganham.

Se os funcionários não ganham o bônus em um trimestre, todo valor acumulado é transferido para o trimestre seguinte, de forma que todos ainda tenham a oportunidade de ganhar o bônus integral. Mesmo que não tenham batido as metas dos três primeiros trimestres, ainda é possível ganhar tudo no final do ano. Esse arranjo mantém as pessoas motivadas e engajadas durante o ano todo. Para mais detalhes, leia *The Great Game of Business* de Jack Stack e Bo Burlingham.

Pagamentos

Pontos críticos	
Lucro líquido	% do salário
1,50%	1,0%
1,75%	2,5%
2,00%	4,0%
2,50%	5,5%
3,00%	7,0%

Pagamentos trimestrais

Trimestre	% do bônus
T1	10%
T2	20%
T3	30%
T4	40%

Salário anual do empregado × [tabela Pontos críticos] × [tabela Pagamentos trimestrais] = Bônus trimestral $$$$

Agradecimentos

Pedi ajuda a muita gente para escrever este livro.

O projeto começou com um manuscrito com algumas ideias e exemplos iniciais. Pedi para Michael Arena, Cheryl Baker, Larry Freed, Kurt Riegger e Chris White realizarem uma leitura. Sou grato a todos eles pelos comentários e sugestões úteis sobre essa primeira versão, e todos me incentivaram a mergulhar na criação deste livro.

Quando chegou a hora de procurar um agente literário, pedi recomendações ao meu colega e sócio Adam Grant. Ele me colocou em contato com Jim Levine, da Levine Greenberg Rostan Literary Agency. Foi uma união perfeita, e sou grato a Adam por tê-la promovido. Jim e eu nos entendemos imediatamente. A filosofia de liderança de Jim ecoa a mensagem deste livro (você vai ler aqui um pouco da sabedoria dele). Agradeço a Jim por seu fiel apoio para que eu escrevesse este livro e pela orientação sábia ao longo do processo de publicação e além dele.

O agente ideal leva à editora ideal, e foi o que aconteceu comigo quando Jim me colocou em contato com a Currency/Penguin Random House. Agradeço o total apoio que a Currency deu a mim e a este livro. Minha gratidão especial para Talia Krohn, extraordinária editora, que trabalhou comigo do início ao fim, elevando o livro a um nível que eu não teria conseguido alcançar sozinho. Agradeço a Pam Feinstein pela edição hábil. Muito obrigado a toda a equipe da Currency por sua expertise e dedicação, entre eles Tina Constable, Campbell Wharton, Andrea DeWerd, Steven Boriack, Nicole McArdle, Nick Stewart e Erin Little.

Pode parecer estranho, mas também sou grato à plataforma de tecnologia colaborativa Givitas, que criamos na nossa empresa, a Give and Take, Inc. Fiz muitos pedidos a várias comunidades Givitas, solicitando exemplos e melhores práticas para ilustrar o tema deste livro. Muitas histórias que você vai ler foram compartilhadas por pessoas que eu não conhecia, mas que responderam generosamente aos meus pedidos. Pelo desenvolvimento da Givitas e pela construção da empresa, agradeço a toda a equipe da Give and Take, Inc.: Sarah Allen--Short, Cheryl Baker, Katie Bennett, Larry Freed, Dave Jansen, Gal Katz, Krystie Lee, Nikki Marton, Amber Varacalli e Matt Wenner.

Agradeço de coração à equipe, aos alunos e aos educadores do nosso Center for Positive Organizations (CPO). Nossa equipe vive diariamente os princípios que ensinamos: Angie Ceely, Betsy Erwin, Jacob Feinberg, Esther Kyte, Emily Penix, Stacey Scimeca e Katie Trevathan. Sou grato pelo aprendizado contínuo que venho tendo com meus colegas educadores ao longo de tantos anos: Kim Cameron, Jane Dutton, Mari Kira, Shirli Kopelman, Julia Lee, Dave Mayer, Bob Quinn, Gretchen Spreitzer e Amy Young. Nossos alunos são muitos para mencioná-los nominalmente, mas agradeço a todos por suas jornadas como líderes positivos.

Fui beneficiado por uma habilidosa assistência de pesquisa e apoio bibliotecário. Agradeço a Sarah Gordon, candidata ao doutorado em nosso programa, por varrer a web e suas redes em busca de novos exemplos e casos para mim; Hilary Hendricks, candidata ao doutorado, por me ajudar a desenvolver a Lei de Dar e Receber que você vai encontrar no Capítulo 3; Lillian Chen, consultora de pesquisa sênior e gerente de pesquisa na Ross School, pela expertise técnica; e Corey Seeman, diretor dos serviços bibliotecários Kresge, por me ajudar a obter as permissões para reproduzir material. A esta nota de gratidão, acrescento os coordenadores de ensino Karen Phelps e Janine Amadi, e a associada de informação Shovonne Pearson, por responderem rapidamente e com entusiasmo ao que deve ter parecido um interminável fluxo de solicitações urgentes de minha parte.

Como sempre, sou grato ao apoio institucional e financeiro da Ross School of Business e da Universidade de Michigan.

Uma das delícias de escrever este livro foi a grande oportunidade de me conectar e aprender com alunos e colegas antigos e atuais, e de conhecer muitas pessoas durante o processo de pesquisa e redação. Pela contribuição com ideias, *insights*, exemplos e outros materiais, agradeço a: Lauren Acquista, Ach Adhvaryu, Cheri Alexander, Sarah Allen-Short, Janine Amadi, Randy Alpert, Kevin Ames, Laav Anandan, Susan Ashford, Harrison Baker, Erica Bank, Lynn Bartlett, Maggie Bayless, Jim Best, Kevin Blue, Anne-Claire Broughton, Lindsay Cameron, Tom Caprel, Paula Caproni, Dan Cawley, Rob Cross, Jerry Davis, Kathryn Dekas, Jeff DeGraff, Jane Dutton, Amy Edmondson, Daniel Eisenberg, Betsy Erwin, Joe Ferstle, Megan Finley, Dani Fankhauser, Dave Grazian, Leslie Gray, Fernanda Gregorio, Ted Hall, Scott Hanton, Alexis Haselberger, Mary Beth Heine, Wally Hopp, Heather Currier Hunt, Christina Keller, Fred Keller, Meghan Kiesel, Ji Hye Kim, John Kohl, Shirli Kopelman, Mijeong Kwon, Julia Lee, Sheen Levine, Kiran Chaudhri Lenz, Jim Mallozzi, Ron May, Dave Mayer, Ron Maurer, Kusuma Mopury, Abby Murray, Mawa Mustafa, Prabjot Nanua, Tom Paider, Alyssa Patzius, Dan Ranta, Andrew Radvansky, Brian Rodriquez, Dave Scholten, Don Sexton, Rich Sheridan, David Sherman, Rich Smalling, Salvador Salort-Pons, Felicia Solomon, Gretchen Spreitzer, Laura Sonday, Andrew Stocking, Noel Tichy, John Tropman, Ryan Quinn, Shawn Quinn, Jose Uribe, Matt Van Nortwick, Molly Webb, Ari Weinzwieg, Chad Weldy, Chris White e Tony Wydra.

Sempre deixo os agradecimentos mais importantes para o final. Agradeço à minha esposa Cheryl pelo apoio firme a este projeto e por seu conhecimento sobre o assunto. A publicação deste livro coincide com o ano em que comemoramos trinta anos de casamento. Essas décadas passaram tão depressa porque foram cheias de alegria. Eu não poderia pedir uma parceira de vida melhor. Há quase duas décadas, nossas preces foram atendidas e nosso filho nasceu. Harrison é meu maior amor, e eu não poderia ter mais orgulho dele. Ele é um indivíduo bom e generoso, que traz alegria à nossa vida todos os dias. Juntos, Cheryl e Harrison fazem tudo valer a pena.

Notas

Capítulo 1

1. Jessica e sua história são reais, mas, a seu pedido, não usei seu nome verdadeiro.

2. Por um princípio parecido, a ansiedade motiva as pessoas a pedir e a adotar conselhos, como Francesca Gino, Alison Wood Brookse e Maurice E. Schweitzer documentam em "Anxiety, Advice, and the Ability to Discern: Feeling Anxious Motivates Individuals to Seek and Use Advice", *Journal of Personality and Social Psychology*, v. 102, n. 3, p. 497-512, 2012. Os pesquisadores também descobriram que pessoas ansiosas têm dificuldades para discernir entre bons e maus conselhos, ou entre um conselheiro que tenha um conflito de interesses e outro que não tenha.

3. Ver a pesquisa discutida no trabalho de Adam Grant, "Givers Take All: The Hidden Dimension of Corporate Culture", *McKinsey Quarterly*, abr. 2013. Disponível em: <https://www.mckinsey.com/business-functions/organization/our-insights/givers-take-all-the-hidden-dimension-of-corporate-culture>. Acesso em: 22 maio 2018. Ver também Adam Grant, *Give and*

Take: Why Helping Others Drives Our Success. Nova York: Viking, 2013, p. 243.

4. Christopher G. Myers, "Is Your Company Encouraging Employees to Share What They Know?", *Harvard Business Review* (website), 6 nov. 2015. Em minha opinião, os números citados nesse artigo subestimam muito os custos de não buscar conhecimento ou outros recursos.

5. Tenho uma dívida de gratidão com a família de Cristina pela generosa permissão para compartilhar sua história.

6. Francis J. Flynn, "How Much Should I Give and How Often? The Effects of Generosity and Frequency of Favor Exchange on Social Status and Productivity", *The Academy of Management Journal*, v. 46, n. 5, p. 539-553, 2003. Geller e Bamberger descobriram que buscar ajuda melhorava o desempenho individual quando a pessoa que buscava ajuda endossava de forma veemente uma "lógica autônoma" (buscar ajuda para se tornar competente e independente) ou endossava sem muita ênfase uma "lógica dependente" (buscar ajuda apenas para resolver problemas imediatos). Dvora Geller e Peter A. Bamberger, "The Impact of Help Seeking on Individual Task Performance: The Moderating Effect of Help Seekers' Logics of Action", *Journal of Applied Psychology*, v. 97, n. 2, p. 487-497, 2012.

7. E. W. Morrison, "Newcomer Information Seeking: Exploring Types, Modes, Sources, and Outcomes", *Academy of Management Journal*, v. 36, n. 3, p. 557-589, 1993; Tayla N. Bauer, *Onboarding New Employees: Maximizing Success*, Alexandria: SHRM Foundation, 2010.

8. William P. Bridges e Wayne J. Villemez, "Informal Hiring and Income in the Labor Market", *American Sociological Review*, v. 51, p. 574-582, 1986; Roberto M. Fernandez e Nancy Weinberg, "Sifting and Sorting: Personal Contacts and Hiring in a Retail Bank", *American Sociological Review*, v. 62, p. 883-902, 1997; Ted Moux, "Social Capital and Finding a Job: Do Contacts

Matter?", *American Sociological Review*, v. 68, p. 868-898, 2003; Mark S. Granovetter, *Getting a Job*, edição revisada, Chicago: University of Chicago Press, 1995; Laura K. Gee, Jason Jones e Moira Burke, "Social Networks and Labor Markets: How Strong Ties Relate to Job Finding on Facebook's Social Network", *Journal of Labor Economics*, v. 35, n. 2, p. 485-518, 15 abr. 2017.

9. Para comparações entre indicações e motores de busca de emprego, ver "Sources of Hire 2017" de SilkRoad. Disponível em: <http:www.silkroad.com>. Acesso em: 15 abr. 2019.

10. S. P. Borgatti e R. Cross, "A Relational View of Information Seeking and Learning in Social Networks", *Management Science*, v. 49, n. 4, p. 432-445, 2003; Susan J. Ashford, Ruth Blatt e Don Vande Walle, "Reflections on the Looking Glass: A Review of Research on Feedback-Seeking Behavior in Organizations", *Journal of Management*, v. 29, n. 6, p. 773-99, 2003. É claro, buscar ajuda é essencial para estudantes. Ver A. Ryan e P. R. Pintrich, "Achievement and Social Motivation Influences on Help Seeking in the Classroom", em S. A. Karabenick (ed.), *Strategic Help Seeking: Implications for Learning and Teaching*, Mahwah: Lawrence Erlbaum Associates, 1998, p. 117-139.

11. Susan J. Ashford e D. Scott DeRue, "Developing as a Leader: The Power of Mindful Engagement", *Organizational Dynamics*, v. 41, p. 145-154, 2012.

12. Ver exemplos em Wayne Baker, *Networking Smart*, Nova York: McGraw-Hill, 1994, p. 130-131.

13. Michael J. Arena, *Adaptive Space: How GM and Other Companies Are Positively Disrupting Themselves and Transforming into Agile Organizations*, Nova York: McGraw-Hill, 2018. Ver também David Obstfeld, *Getting New Things Done; Networks, Brokerage, and the Assembly of Innovative Action*, Stanford: Stanford University Press, 2017.

14. Jill E. Perry- Smith e Pier Vittorio Mannucci, "From Creativity to Innovation: The Social Network Drivers of the Four Phases of the Idea Journey", *Academy of Management Review*, v. 42,

n. 1, p. 53-79, 2017; Teresa Amabile, Colin M. Fisher e Julianna Pillemer, "IDEO's Culture of Helping", *Harvard Business Review*, jan.-fev. 2014. Disponível em: <https://hbr.org/2014/01/ideos-culture-of-helping>. Acesso em: 9 jan. 2017; R. S. Burt, "Structural Holes and Good Ideas", *American Journal of Sociology*, v. 110, p. 349-399, 2004; D. Obstfeld, "Social Networks, the Tertius Iungens Orientation, and Involvement in Innovation", *Administrative Science Quarterly*, v. 50, n. 1, p. 100-130, 2005.

15. "Eight of Ten Americans Afflicted by Stress", *Gallup Well-Being*, 20 dez. 2017. Disponível em: <http://news.gallup.com/poll/224336/eight-americans-afflicted-stress.aspx>. Acesso em: 5 abr. 2018; "U.S. Workers Least Happy with Their Work Stress and Pay", *Gallup Economy*, 12 nov. 2012. Disponível em: <http://news.gallup.com/poll/158723/workers-least-happy-work-stress-pay.aspx>. Acesso em: 5 abr. 2018.

16. B. Owens, W. E. Baker, D. Sumpter e K. Cameron. "Relational Energy at Work: Implications for Job Engagement and Job Performance", *Journal of Applied Psychology*, v. 101, n. 1, p. 35-49, 2016; J. Schauebroeck e L. Fink, "Facilitating and Inhibiting Effects of Job Control and Social Support on Stress Outcomes and Role Behavior: A Contingency Model", *Journal of Organizational Behavior*, v. 19, p. 167-195, 1998; Ashley V. Whillans, Elizabeth W. Dunn, Paul Smeets, Rene Bekkers e Michael I. Norton, "Buying Time Promotes Happiness", *Proceedings of the National Academy of Sciences*, jul. 2017. Disponível em: <http://www.pnas.org/content/early/2017/07/18/1706541114.full>. Acesso em: 11 abr. 2018.

17. Peter A. Bamberger, "Employee Help-Seeking", *Research in Personnel and Human Resources Management*, v. 28, p. 80, 2009; T. Amabile, C. Fisher e J. Pillemer, "IDEO's Culture of Helping", *Harvard Business Review*, v. 92, n. 1 e 2, p. 54-61, jan.-fev. 2014. Os benefícios de obter recursos por meio de networking são amplamente documentados na vasta literatura sobre capital

social. Ver P. S. Adler e S. Kwon, "Social Capital: Prospects for a New Concept", *Academy of Management Review*, v. 27, n. 17-4, 2002; Wayne Baker, *Achieving Success Through Social Capital*, São Francisco: Jossey-Bass, 2000; R. Burt e D. Ronchi, "Teaching Executives to See Social Capital: Results from a Field Experiment", *Social Science Research*, v. 36, n. 3, p. 1156-1183, 2007; R. Cross e A. Parker, *The Hidden Power of Social Networks: Understanding How Work Really Gets Done in Organizations*, Boston: Harvard Business School Press, 2004; M. Kilduff e W. Tsai, *Networks and Organizations*, Londres: Sage Publications, 2003; R. D. Putnam, *Bowling Alone: The Collapse and Revival of American Community*, Nova York: Simon & Schuster, 2000; Mark C. Bolino, William H. Turnley e James M. Bloodgood, "Citizenship Behavior and the Creation of Social Capital in Organizations", *The Academy of Management Review*, v. 27, n. 4, p. 505-522, 2002.

18. Deborah Ancona e Henrik Bresman, *X-Teams*, Boston: Harvard Business School Press, 2007.

19. Mark Atridge, *The Value of Employee Assistance Programs*, Norfolk: EASNA, 2015. Disponível em: <http://www.easna.org>. Acesso em: 7 jun. 2017. Oitenta por cento dos usuários desses programas são autoindicações, isto é, buscam ajuda voluntariamente.

20. Li-Yun Sun, Samuel Aryee e Kenneth S. Law, "High-Performance Human Resource Practices, Citizenship Behavior, and Organizational Performance: A Relational Perspective Source", *The Academy of Management Journal*, v. 50, n. 3, p. 558-577, 2007.

21. S. J. Ashford, N. Wellman, M. Sully de Luque, K. De Stobbeleir e M. Wollan, "Two Roads to Effectiveness: CEO Feedback Seeking, Vision Articulation, and Firm Performance", *Journal of Organational Behavior*, v. 39, p. 82-95, 2018.

22. "Breakthrough Performance in the New Work Environment", The Corporate Executive Board Company, 2012. Disponível em: <eg2013ann-breakthrough-performance-in-the-new--work-environment.pdf>. Acesso em: 28 jul. 2019.

23. Rick Sheridan, *Joy, Inc.*, Nova York: Portfolio/Penguin, 2013; S. M. Walz e B. P. Niehoff, "Organizational Citizenship Behaviors and Their Effect on Organizational Effectiveness in Limited Menu Restaurants", Best Paper Proceedings, conferência da Academy of Management, 1996, p. 307-311.

Capítulo 2

1. Garret Keizer, *Help: The Original Human Dilemma*, Nova York: Harper Collins, 2004.
2. F. J. Flynn e V. Lake, "If You Need Help, Just Ask: Underestimating Compliance with Direct Requests for Help", *Journal of Personality and Social Psychology*, v. 95, p. 128-143, 2008.
3. Os números testados são os seguintes (veja Flynn e Lake para os detalhes): para convencer desconhecidos a preencher um questionário, participantes do estudo previram que eles teriam que pedir, em média, a 20,5 desconhecidos para terem 5 questionários preenchidos; eles tiveram que pedir a 10,5 desconhecidos para conseguir 5 preenchimentos; para emprestar um celular, participantes do estudo previram que teriam que pedir, em média, a 10,1 desconhecidos para 3 emprestarem o telefone; na verdade, eles tiveram que pedir somente a 6,2 desconhecidos; para ter quem os acompanhasse, participantes do estudo estimaram que teriam que pedir a 7,2 desconhecidos, em média, para conseguir uma companhia; mas tiveram que pedir apenas a 2,3 desconhecidos.
4. Global Civil Engagement Report da Gallup de 2016. Disponível em: <http://bit.ly/2HTyS1Z>. Acesso em: 3 abr. 2018.
5. Simeon Floyd, Giovanni Rossi, Julija Baranova, Joe Blythe, Mark Dingemanse, Kobin H. Kendrick, Jörg Zinken e N. J. Enfield, "Universals and Cultural Diversity in the Expression of Gratitude", *Royal Society Open Society*, publicado on-line em 23 maio 2018. Disponível em: <http://rsos.royalsocietypublishing.org/content/5/5/180391>. Acesso em: 8 set. 2018.

Os dados para o estudo foram extraídos de registros audiovisuais conduzidos em contextos domésticos e comunitários. Eles não estudaram interações de solicitações-resposta em contextos institucionais ou formais.

6. Ver a entrada da Wikipedia sobre o Efeito Benjamin Franklin. Disponível em: <http://bit.ly/32rWiFh>. Acesso em: 24 abr. de 2018.

7. *Autobiography of Benjamin Franklin*, do Projeto Gutenberg, por Benjamin Franklin. Disponível em: <https://www.gutenberg.org/files/20203/20203-h/20203-h.htm>. Acesso em: 24 abr. 2018.

8. Yu Niiya, "Does a Favor Request Increase Liking Toward the Requester?", *Journal of Social Psychology*, v. 156, p. 211-221, 2016.

9. F. J. Flynn, D. Newark e V. Bohns, "Once Bitten, Twice Shy: The Effect of a Past Refusal on Future Compliance", *Social Psychological and Personality Science*, v. 5, n. 2, p. 218-225, 2013.

10. Ver Mark Granovetter, "The Strength of Weak Ties: A Network Theory Revisited", *Sociological Theory*, v. 1, 1983, p. 201-23, que revisa a pesquisa empírica desde seu papel seminal no assunto em 1973.

11. Daniel Levin, Jorge Walter e J. Keith Murnighan "Dormant Ties: The Value of Reconnecting", *Organization Science*, v. 22, n. 4, p. 923-939, 2011. Em um estudo de acompanhamento, a equipe descobriu que executivos se sentem mais à vontade reconectando-se com laços adormecidos fortes, em vez de laços adormecidos fracos. Mas laços adormecidos fracos são mais valiosos, porque fornecem mais novidades do que os laços adormecidos fortes. Ver Jorge Walter, Daniel Z. Levin e J. Keith Murnighan, "Reconnection Choices: Selecting the Most Valuable (vs. Most Preferred) Dormant Ties", *Organization Science*, v. 26, n. 5, p. 1447-1465, 2015.

12. Relatei os resultados dessas quatro pesquisas nacionais em Wayne Baker, *United America: The Surprising Truth About American Values, American Identity and the 10 Beliefs That a Large Majority*

of *Americans Hold Dear*, Canton: ReadTheSpirit Books, 2014. Como escrevo lá: "É notável como os americanos têm opiniões fortes sobre essas declarações. Americanos com ensino médio completo (ou menos) são tão propensos a concordar com essas afirmações quanto os que têm educação superior completa. Grandes diferenças nos rendimentos não importam. Americanos de diferentes regiões do país são igualmente propensos a concordar com essas declarações. E diferenças de raça e religião não importam. A sabedoria do 'confia em ti mesmo' é um ponto de concordância até entre liberais e conservadores".

13. A. W. Brooks, F. Gino e M. E. Schweitzer, "Smart People Ask for (My) Advice: Seeking Advice Boosts Perceptions of Competence", *Management Science*, v. 61, n. 6, p. 1421-1435, jun. 2015.

14. Jill E. Perry-Smith e Pier Vittorio Mannucci, "From Creativity to Innovation: The Social Network Drivers of the Four Phases of the Idea Journey", *Academy of Management Review*, v. 42, p. 53-79, jan. 2017.

15. Para exemplos, ver pesquisa revisada em Justin Hunt e Daniel Eisenberg, "Mental Health Problems and Help-Seeking Behavior Among College Students", *Journal of Adolescent Health*, v. 45, p. 3-10, 2010.

16. Terry Gaspard, "How Being Too Self-Reliant Can Destroy Your Relationship", *Huffington Post*, 3 jan. 2015. Disponível em: <http://bit.ly/2SYvV6Q>. Acesso em: 7 jan. 2017.

17. Fiona Lee, "The Social Costs of Seeking Help", *Journal of Applied Behavioral Science*, v. 38, n. 1, p. 17-35, mar. 2002. Ver também G. S. Van der Vegt, J. S. Bunderson e A. Oosterhof, "Expertness Diversity and Interpersonal Helping in Teams", *Academy of Management Journal*, v. 49, n. 5, p. 877-893, 2006.

18. Brooks, Gino e Schweitzer, "Smart People Ask for (My) Advice".

19. Ashleigh Shelby Rosette e Jennifer Mueller, "Are Male Leaders Penalized for Seeking Help? The Influence of Gender and Asking Behaviors on Competence Perceptions", *The Leadership Quarterly*, v. 26, p. 749-762, 2015.

20. D. Miller e L. Karakowsky, "Gender Influences as an Impediment to Knowledge Sharing: When Men and Women Fail to Seek Peer Feedback", *J. Psychol.*, v. 139, n. 2, p. 101-108, 2005.

21. S. E. Taylor, D. K. Sherman, H. S. Kim, J. Jarcho, K. Takagi e M. S. Dunagan, "Culture and Social Support: Who Seeks It and Why?", *Journal of Personality and Social Psychology*, v. 87, p. 354, 2004; S. E. Taylor, W. T. Welch, H. S. Kim e D. K. Sherman, "Cultural Differences in the Impact of Social Support on Psychological and Biological Stress Responses", *Psychological Science*, v. 18, p. 831-837, 2007; H. S. Kim, D. K. Sherman e S. E. Taylor, "Culture and Social Support" *American Psychologist*, v. 63, p. 518, 2008. Para um resumo sobre diferenças culturais na busca por feedback, ver Susann J. Ashford, Katleeen De Stobberleir e Mrudula Nujella, "To Seek or Not to Seek: Recent Developments in Feedback-S eeing Literature", *Annual Review of Organizational Psychology and Organizational Behavior*, v. 3, p. 213-39, 2016 (ver esp. p. 225).

22. Ibid.

23. Bamberger, "Employee Help-Seeking"; Dvora Geller e Peter A. Bamberger, "The Impact of Help Seeking on Individual Task Performance: The Moderating Effect of Help Seekers' Logics of Action", *Journal of Applied Psychology*, v. 97, n. 2, p. 487-497, 2012.

24. Arie Nadler, "Relationships, Esteem and Achievement Perspectives on Autonomous and Dependent Help Seeking", em Stuart A. Karabenick (ed.), *Strategic Help Seeking: Implications for Knowledge Acquisition*, Nova Jersey: Erlbaum Publishing Co., 1998, p. 51-93; Bamberger, "Employee Help- Seeking".

25. Nadler, "Relationships, Esteem and Achievement Perspectives on Autonomous and Dependent Help Seeking", p. 63-64.

26. Nadler, "Relationships, Esteem and Achievement Perspectives on Autonomous and Dependent Help Seeking", p. 64.

27. Amy Edmondson. "Psychological Safety and Learning Behavior in Work Teams" *Administrative Science Quarterly*, v. 44, n. 2, p. 350-383, 1999. Ver também Amy Edmondson, *Teaming: How*

Organizations Learn, Innovate, and Compete in the Knowledge Economy, San Francisco, CA: Jossey-Bass, 2012; Amy Edmondson, *The Fearless Organization: Creating Psychological Safety in the Workplace for Learning, Innovation, and Growth*, Hoboken: John Wiley & Sons, 2019.

28. As pessoas que procuram ajuda relutam em pedi-la a especialistas se percebem que eles não são confiáveis. Ver, por exemplo, David A. Hofmann, Zhike Lei e Adam M. Grant, "Seeking Help in the Shadow of Doubt: The Sensemaking Processes Underlying How Nurses Decide Whom to Ask for Advice", *Journal of Applied Psychology*, v. 94, n. 5, p. 1261-1270, 2009.

29. Amy C. Edmondson, "The Competitive Imperative of Learning", *Harvard Business Review*, jul.-ago. 2008.

30. Julia Rozovsky, "The Five Keys to a Successful Google Team", The Watercooler Blog, 17 nov. 2015. Disponível em: <http://bit.ly/3a3ezex>. Acesso em: 13 jan. 2017.

31. Troca de e-mails com Kathryn Dekas em 20 nov. 2018. Ver também H. Dekas, Talya N. Bauer, Brian Welle, Jennifer Kurkoski e Stacy Sullivan, "Organizational Citizenship Behavior, Version 2.0: A Review and Qualitative Investigation of OCBs for Knowledge Workers at Google and Beyond", *The Academy of Management Perspective*, v. 27, p. 219-237, 2013.

32. Richard Sheridan, *Joy, Inc.: How We Built a Workplace People Love*, Nova York: Portfolio/Penguin, 2013, p. 94.

33. Cassandra Chambers e Wayne E. Baker, "Robust Systems of Cooperation in the Presence of Rankings", *Organization Science* (no prelo).

34. Usei esse exemplo pela primeira vez em Wayne Baker: "5 Ways to Get Better at Asking for Help", *Harvard Business Review*, 10 dez. 2014. Disponível em: <https://hbr.org/2014/12/5-ways-to-get-better-at-asking-for-help>. Acesso em: 4 jan. 2017.

35. Wayne E. Baker e Nathaniel Bulkley, "Paying It Forward vs. Rewarding Reputation: Mechanisms of Generalized Reciprocity", *Organization Science*, v. 25, n. 5, p. 1493-1510, 2014.

36. Adam Grant, *Give and Take*, Nova York: Viking, 2013, p. 5.
37. Esse princípio tem um longo pedigree. Como escreveu o filósofo e psicólogo vitoriano William James: "Se você quer qualidade, comporte-se como se já a tivesse". Richard Wiseman faz desse princípio o centro de seu livro *The As If Principle*, Nova York: Simon & Schuster, 2012. O modelo da pirâmide de Shook (no Capítulo 2) é bem similar ao modelo de mudança de cultura de Edgar H. Schein, como Shook reconhece. Ver, por exemplo, *Organizational Culture and Leadership*, de Shein, 4. ed., São Francisco: John Wiley & Sons, 2010.
38. John Shook, "How to Change a Culture", *MIT Sloan Management Review*, v. 51, p. 66, 2010. Reproduzido com autorização. Copyright © 2010 de MIT Sloan Management Review/ Massachusetts Institute of Technology. Todos os direitos reservados. Distribuído pela Tribune Content Agency, LLC.

Capítulo 3

1. Andrew Jacobs, "Celebrity Chefs Turn Wasted Olympic Food into Meals for Homeless", *The New York Times*, 14 ago. 2016. Para saber mais, visite a página da organização sem fins lucrativos: <http://gastromotiva.org/refettorio-gastromotiva/>.
2. Para ler mais sobre Bottura, ver: Francesca Gino, Rebel Talent: *Why It Pays to Break the Rules at Work and in Life*, Nova York: Dey St., impressão de William Morrow, 2018.
3. "Living the Generous Life: Reflections on Giving and Receiving", editado por Wayne Muller e Megan Scribner, projeto do Fetzer Institute (n.d.). Disponível em: <http://fetzer.org/resources/living-generous-life>. Acesso em: 4 mar. 2017
4. Julie Ray, "Billions Worldwide Help Others in Need", Gallup, 20 set. 2016. Gallup conduziu sua pesquisa em 140 países em 2015. Disponível em: <http://bit.ly/39a3QiF>. Acesso em: 5 mar. 2017.

5. Jenifer J. Partch e Richard T. Kinnier, "Values and Messages Conveyed in College Commencement Speeches", *Current Psychology*, v. 30, n. 1, p. 81-92, 2011.

6. "Living the Generous Life", p. 8.

7. Adam Grant, *Give and Take*, Nova York: Viking, 2013, p. 158. De maneira semelhante, Deepak Chopra considera a Lei de Dar e Receber uma das sete leis espirituais de sucesso.

8. Grant, *Give and Take*, p. 5.

9. Wayne Baker, *Achieving Success Through Social Capital*, São Francisco: Jossey-Bass, 2000, p. 139.

10. Adam M. Grant e Reb Rebele, "Generosity Burnout", *Harvard Business Review*, 1 fev. 2017. Disponível em: <https://hbr.org/generosity>. Acesso em: 4 mar. 2017.

11. James Andreoni. "Impure Altruism and Donations to Public Goods: A Theory of Warm-Glow Giving", *Economic Journal*, v. 100, n. 401, p. 464-477, 1990. A luminosidade quente de ajudar pode ser programada. Por exemplo, foi documentada em crianças com menos de 2 anos de idade. Ver Lara B. Aknin, J. Kiley Hamlin e Elizabeth W. Dunn, "Giving Leads to Happiness in Young Children", *PLOS One*, 14 jun. 2012. Disponível em: <http://bit.ly/38YHRL7>. Acesso em: 9 mar. 2017.

12. Francis J. Flynn, "How Much Should I Give and How Often? The Effects of Generosity and Frequency of Favor Exchange on Social Status and Productivity", *The Academy of Management Journal*, v. 46, n. 5, p. 539-553, 2003. Ver também "The Gift Relationship", *Economist*, Londres, Inglaterra, p. 59, 10 abr. 2004; *The Economist Historical Archive*, p. 1843-2013. Disponível em: <http://www.economist.com/node/2582734>. Acesso em: 1 mar. 2017.

13. Christian Smith e Hillary Davidson, *The Paradox of Generosity*, Nova York: Oxford University Press, 2014, p. 94.

14. Christina S. Melvin, "Professional Compassion Fatigue: What Is the True Cost of Nurses Caring for the Dying?", *International Journal of Palliative Nursing*, v. 18, n. 12, p. 606-611, 2012. Ver

também Sherry E. Showalter, "Compassion Fatigue: What Is It? Why Does It Matter? Recognizing the Symptoms, Acknowledging the Impact, Developing the Tools to Prevent Compassion Fatigue, and Strengthen the Professional Already Suffering from the Effects", *American Journal of Hospice and Palliative Medicine*, v. 27, n. 4, p. 239-242, 2010; Laura McCray, Peter F. Cronholm, Hillary R. Bogner, Joseph J. Gallo e Richard A. Neill, "Resident Physician Burnout: Is There Hope?", *Family Medicine*, v. 40, n. 9, p. 626-632, 2008; Nadine Najjar, Louranne W. Davis, Kathleen Beck-Coon e Caroline Carney Doebbeling, "Compassion Fatigue: A Review of the Research to Date and Relevance to Cancer-Care Providers", *Journal of Health Psychology*, v. 14, n. 2, p. 267-277, 2009.

15. Wayne E. Baker e Nathaniel Bulkley, "Paying It Forward vs. Rewarding Reputation: Mechanisms of Generalized Reciprocity", *Organization Science*, v. 25, n. 5, p. 1493-1510, 2014.

16. Wayne E. Baker e Sheen S. Levine, "Mechanisms of Generalized Exchange". Disponível em SSRN: <https://ssrn.com/abstract=1352101> ou <http://dx.doi.org/10.2139/ssrn.1352101>. Acesso em: 1 out. 2013.

17. Grant, *Give and Take*, p. 244.

18. Flynn, "How Much Should I Give and How Often?"

19. A pesquisa estabeleceu com firmeza a relação entre capital social e desempenho para indivíduos, equipes, organizações e até nações (veja as notas finais do Capítulo 1 para referências).

20. Um estudo longitudinal de práticas de saúde e resultados entre residentes de Alameda County é um dos mais famosos. Essa análise inicial estabeleceu a relação entre isolamento social e risco de morte. Ver L. F. Berkman e S. L. Syme, "Social Networks, Host Resistance, and Mortality: A Nine-Year Follow Up Study of Alameda County Residents", *American Journal of Epidemiology*, v. 109, n. 2, p. 186-204, 1979. Um resumo das descobertas está disponível em Jeff Housman e Steve Dorman, "The Alameda County Study: A Systematic, Chronological

Review", *American Journal of Health Education*, v. 26, n. 5, p. 302-308, 2005. Uma avaliação meta-analítica de 148 estudos estabelece a importante ligação entre redes sociais e risco de mortalidade. Julianne Holt-Lunstad, Timothy B. Smith e J. Bradley Layton, "Social Relationshps and Mortality Risk: A Meta-Analytic Review", *PLOS Medicine*, 27 jul. 2010. Disponível em: <http://bit.ly/2I0pUjr>. Acesso em: 12 mar. 2017.

21. Carla M. Perissinotto, Irena Stijacic Cenzer e Kenneth E. Covinsky, "Loneliness in Older Persons: A Predictor of Functional Decline and Death", *JAMA Internal Medicine*, v. 172, n. 14, p. 1078-1084, 2012.

22. John T. Cacioppo e Stephanie Cacioppo, "Social Relationships and Health: The Toxic Effects of Perceived Social Isolation", *Social and Personality Psychology Compass*, v. 8, n. 2, p. 58, 2014.

23. Flynn, "How Much Should I Give and How Often?"

24. Teresa Amabile, Colin M. Fisher e Julianna Pillemer, "IDEO's Culture of Helping", *Harvard Business Review*, jan.-fev. 2014. Disponível em: <https://hbr.org/2014/01/ideos-culture-of-helping>. Acesso em: 9 jan. 2017.

Capítulo 4

1. Fontes: Entrevista em 15 mar. 2019 e "Miss Kim's Kicks Off in Kerrytown", newsletter da Zingerman, n. 257, p. 3-4, jan.-fev. 2017. Parte do material foi editado para ter mais clareza e resumido para ser mais breve. Parte do material se baseia em entrevistas pessoais e e-mails trocados com Ji Hye.

2. Essa história é real, mas omiti detalhes identificadores para preservar o anonimato.

3. Por exemplo, Sonja Lyubomirsky, *The How of Happiness: A New Approach to Getting the Life You Want*, Nova York: Penguin, 2007.

4. Lyubomirsky, *The How of Happiness*, p. 205-226.

5. Ibid.

6. Essa história é real, mas mudei o nome para preservar o anonimato.

7. Troca de e-mails entre 9 e 10 mar. 2019.

8. Vários desses exemplos vêm de Wayne E. Baker e Nathaniel Bulkley, "Paying It Forward vs. Rewarding Reputation: Mechanisms of Generalized Reciprocity", *Organization Science*, v. 25, n. 5, p. 493-1510, 2014.

9. Lawrence L. Lippitt, *Preferred Futuring: Envision the Future You Want and Unleash the Energy to Get There*, São Francisco: Berrett--Koehler, 1998.

10. Ver, por exemplo, Ari Weinzweig, *The Power of Beliefs in Business, Zingerman's Guide to Good Leading, Part 4*, Ann Arbor: Zingerman's Press, 2016, p. 416.

11. G. T. Doran, "There's a S.M.A.R.T. Way to Write Management's Goals and Objectives", *Management Review*, AMA Forum 70, n. 11, p. 35-36.

12. Simon Sinek, *Start With Why: How Great Leaders Inspire Everyone to Take Action*, Nova York: Portfolio/Penguin, 2009.

13. Rob Cross, Andrew Parker, Laurence Prusak e Stephen P. Borgatti, "Knowing What We Know: Supporting Knowledge Creation and Sharing in Social Networks", *Organizational Dynamics*, v. 30, n. 2, p. 100-120, 2001.

14. Para um exemplo sobre o contexto bancário, ver Mark S. Mizruchi e Linda B. Stearns, "Getting Deals Done: The Use of Social Networks in Bank Decision-Making", *American Sociological Review*, v. 66, n. 5, p. 647-771, 2001.

15. Sheen S. Levine e Michael J. Prietula, "How Knowledge Transfer Impacts Performance: A Multi-Level Model of Benefits and Liabilities", *Organization Science*, v. 23, n. 6, 2012, p. 1748-1766; Sheen S. Levine, "The Strength of Performative Ties: Three Essays on Knowledge, Social Networks, and Exchange", 1 jan. 2005. *Dissertations available from ProQuest:* <http://repository.upenn.edu/dissertations/AAI3197702>.

16. Levine, "The Strength of Performative Ties".
17. Levine e Prietula, "How Knowledge Transfer Impacts Performance"; e Levine, "The Strength of Performative Ties".
18. Daniel Z. Levin, Jorge Walter e J. Keith Murnighan, "Dormant Ties: The Value of Reconnecting", *Organization Science*, v. 22, n. 4, p. 923-939, 2011. Ver Jorge Walter, Daniel Z. Levin e J. Keith Murnighan, "Reconnection Choices: Selecting the Most Valuable (vs. Most Preferred) Dormant Ties", *Organization Science*, v. 26, n. 5, p. 1447-1465, 2015.
19. Comunicação pessoal com Jeff DeGraff em 19 maio 2017. Para saber mais sobre o Innovatrium, visite <http:www.innovatrium.org>.
20. Comunicação pessoal com Jeff DeGraff em 17 abr. 2018.
21. Vanessa K. Bohns, "A Face-to-Face Request Is 34 Times More Successful than an Email", *Harvard Business Review* [versão digital], 11 abr. 2017. Disponível em: <http://bit.ly/37X5jYa>. Acesso em: 15 maio 2017. Baseado em pesquisa de M. Mahdi Roghanizad e Vanessa K. Bohns, "Ask in Person: You're Less Persuasive Than You Think Over Email", *Journal of Experimental Psychology*, v. 69, p. 223-226, mar. 2017. Note, porém, que esse estudo se baseia em fazer solicitações a desconhecidos, não a pessoas que você conhece ou conheceu no passado. Mesmo assim, ele ressalta uma tendência para superestimar a eficiência do e-mail como veículo para fazer solicitações.
22. Jia, Jiang, *Rejection Proof: How I Beat Fear and Became Invincible*, Nova York: Harmony, 2015.
23. Jia resume essas aulas no fim dos capítulos, no Capítulo 11 e no apêndice de seu livro.
24. Jiang, *Rejection Proof*, p. 94-95.
25. Jia discute os índices de rejeição de vários livros best-seller, inclusive *Harry Potter e a Pedra Filosofal*, p. 89-90.

Capítulo 5

1. Deborah Ancona e Henrik Bresman, *X-Teams: How to Build Teams that Lead, Innovate, and Succeed*, Boston: Harvard Business School Press, 2007. Ver especialmente p. 160-177.
2. Ancona e Bresman, *X-Teams*, p. 167.
3. Amy C. Edmondson, *Teaming*, São Francisco: Jossey-Bass, 2012; Ancona e Bresman, *X-Teams*.
4. Ashford e DeRue, "Developing as a Leader"; e Scott D. DeRue e Susan J. Asford, "Who Will Lead and Who Will Follow? A Social Process of Leadership Identity Construction in Organizations", *Academy of Management Review*, v. 35, p. 627-647, 2010.
5. Ancona e Bresman, *X-Teams*, p. 168.
6. Ver balancete da Southwest Airlines em <https://www.swamedia.com/pages/corporate-fact-sheet>.
7. Por exemplo, em 2016, a companhia aérea recebeu 342.664 currículos e contratou 7.207 novos funcionários, de acordo com o site da Southwest (ibid.).
8. Julie Weber. "How Southwest Airlines Hires Such Dedicated People", *Harvard Business Review* [versão digital]. Disponível em: <http://bit.ly/2viPJZk>. Acesso em: 9 jan. 2018.
9. Weber, "How Southwest Airlines Hires Such Dedicated People".
10. Ingrid M. Nembhard e Amy C. Edmondson, "Making It Safe: The Effects of Leader Inclusiveness and Professional Status on Psychological Safety and Improvement Efforts in Health Care Teams", *Journal of Organizational Behavior*, v. 27, p. 941-966, 2006.
11. Ibid.
12. Amy Edmondson, "Psychological Safety and Learning Behavior in Work Teams", *Administrative Science Quarterly*, v. 44, p. 350-383, 1999.
13. Essa é uma história real. Para proteger o protagonista, mudei o nome da pessoa e mantive anônimos detalhes que pudessem identificá-lo na história.

14. Julia Rozovsky, "The Five Keys to a Successful Google Team", The Watercooler Blog, 17 nov. 2015. Disponível em: <https://rework.withgoogle.com/blog/five-keys-to-a-successful-google-team/>. Acesso em: 13 jan. 2017.

15. Gary Klein, "Performing a Project Premortem", *Harvard Business Review*, set. 2007. Disponível em: <https://hbr.org/2007/09/performing-a-project-premortem>. Acesso em: 3 dez. 2018.

16. Teresa Amabile, Collin M. Fisher e Julianna Pillemer, "IDEO's Culture of Helping", *Harvard Business Review*, edição de jan.-fev. 2014. Essa seção se baseia em entrevistas e trocas de e-mails que mantive com Heather Currier Hunt.

17. Comunicação pessoal em 9 maio 2017.

18. Comunicação pessoal em 31 out. 2018.

19. Edmondson, "The Competitive Imperative of Learning".

20. Comunicação pessoal em 6 dez. 2018 e subsequente troca de e-mails.

21. Citado em John Eades, "7 Leadership Lessons from the CEO of a Multibillion-Dollar Company", *Inc.*, 3 abr. 2017. Disponível em: <http://bit.ly/2TiGZL3>. Acesso em: 25 mar. 2019.

22. Troca de e-mails com Christina Keller e Fred Keller em 25 mar. 2019.

23. Joel Podolny, "Interview with John Clendenin" [vídeo], Stanford: Stanford Business School, 1992.

24. Ryan W. Quinn e J. Stuart Bunderson, "Could We Huddle on This Project? Participant Learning in Newsroom Conversations", *Journal of Management*, v. 42, p. 386-418, 2016.

25. Amabile, Fisher e Pillemer, "IDEO's Culture of Helping".

26. Dan Radigan, "Stand-ups for Agile Teams" (n.d.). Disponível em: <https://www.atlassian.com/agile/scrum/standups>. Acesso em: 23 abr. 2018

27. Comunicação pessoal em 24 abr. 2018.

28. Michael A. Orzen e Thomas A. Paider, *The Lean IT Field Guide: A Roadmap for Your Transformation*, Boca Raton: CRC Press/Taylor & Francis Group, 2016, p. 48.

29. Adam Grant, *Give and Take*, Nova York: Viking, 2013, p. 241.

30. Ashley E. Hardin, "Getting Acquainted: How Knowing About Colleague's Personal Lives Impacts Workplace Interactions, for Better and Worse", tese de doutorado na Ross School of Business, Universidade de Michigan, 2017.

31. "Hack Your Happiness: How Doing Favors for Others Can Make You Happier", *Good Morning America*, 26 dez. 2018. Disponível em: <https://gma.abc/2T8bW4c>. Acesso em: 26 mar. 2019.

32. Henri Lipmanowicz e Keith McCandless, *The Surprising Power of Liberating Structures: Simple Rules to Unleash a Culture of Innovation*, Seattle: Liberating Structures Press, 2013. Nesse livro, os autores destacam 33 práticas comprovadas que permitem aos grupos interagir e trabalhar juntos de maneiras novas e produtivas. Essas "estruturas libertadoras" têm sido implantadas em organizações variadas, da área de saúde à academia, do Exército às empresas de consultoria e empresas comerciais globais. A URL do site da Liberating Structures é <www.liberatingstructures.com>. Você pode obter o aplicativo da Liberating Structures na loja de aplicativos.

33. Fonte: DoSomething.org website. Acesso em: 31 jan. 2018. Disponível em: <https://www.dosomething.org/us/about/who-we-are>.

34. A DoSomething.org foi finalista na competição Positive Business Practice na Ross School of Business, da Universidade de Michigan. Essa prática é descrita no vídeo de inscrição. Disponível em: <http://positivebusinessproject.com/past-winners/>.

35. Comunicação pessoal com Ron May em 20 dez. 2018 e 25 mar. 2019. Ron agora está aposentado e doa seu tempo e sabedoria como executivo no Center for Positive Organizations. Para mais informações sobre a abordagem kata usada por Ron, ver Mike Rother, *Toyota Kata: Managing People for Improvement, Adaptiveness, and Superior Results*, Nova York: McGraw-Hill, 2010.

36. Comunicação pessoal com Kevin Blue em 13 jun. 2017.
37. Nembhard e Edmondson, "Making it Safe".

Capítulo 6

1. Sou grato a Dave Scholten por responder ao meu pedido de ajuda quando procurava novos exemplos para este livro. Ele forneceu os detalhes sobre o minigame. Sou grato à Kent Power por permitir que eu contasse a história deles.
2. Dave Scholten também fez seu minigame com outros clientes. Todos tiveram resultados positivos.
3. Gardner, *Smart Collaboration: How Professionals and Their Firms Succeed by Breaking Down Silos*, Boston: Harvard Business Review Press, 2017, p. 20-41. Ver também Sheen S. Levine e Michael J. Prietula, "How Knowledge Transfer Impacts Performance", *Organization Science*, v. 23, n. 6, 2012, p. 1748-1766; e Sheen S. Levine, "The Strength of Performative Ties: Three Essays on Knowledge, Social Networks, and Exchange", 1 jan. 2005. Dissertações disponíveis em ProQuest. Trabalho AAI3197702. Disponível em: <http://repository.upenn.edu/dissertations/AAI3197702>.
4. Troca de e-mails em 7 jan. 2019.
5. Deborah Ancona e Henrick Bresman, *X-Teams: How to Build Teams That Lead, Innovate, and Succeed*, Boston: Harvard Business School Press, 2007, p. 218-219.
6. Scott E. Page, *The Diversity Bonus*, Princeton: Princeton University Press, 2017.
7. Page, *The Diversity Bonus*, p. 2.
8. A locação compartilhada também facilitou a colaboração. O novo Powertrain Performance e Racing Center da GM reúne engenheiros da produção de operações de trem de força e do programa de corrida da GM. A locação em conjunto e a proximidade física facilitam a troca contínua de ideias, conhecimento,

informação e equipamento. Ver James M. Amend, "New GM Powertrain Facility to Speed Engine Tech Transfer", *WardsAuto*, 2 fev. 2016. Disponível em: <http://bit.ly/38UoItX>. Acesso em: 9 fev. 2018.

9. Troca de e-mails em 29 mar. 2019.

10. Descrito em Michael J. Arena, *Adaptive Space: How GM and Other Companies Are Positively Disrupting Themselves and Transforming into Agile Organizations*, Nova York: McGraw-Hill, 2018.

11. Arena, *Adaptive Space*, p. 125-126.

12. Esse é um exemplo real, mas, por questões de confidencialidade, mudei o nome da pessoa e removi outras informações identificadoras.

13. Emily Moore, "7 Companies with Amazing Office Rotation Options", *Glassdoor*, 28 nov. 2017. Disponível em: <https://www.glassdoor.com/blog/companies-with-office-rotation-options/>.

14. Jaime Ortega, "Job Rotation as a Learning Mechanism", *Management Science*, v. 47, n. 10, p. 1361-1370, 2001.

15. Entrevista em 11 jan. 2018. Troca de e-mails em 25 fev. 2019.

16. Troca de e-mails em 13 fev. 2019.

17. Entrevista por telefone em 5 fev. 2019.

18. Disponível em: <https://www.ypo.org/about-ypo/>. Acesso em: 6 fev. 2019.

19. Troca de e-mails em 7 fev. 2019.

20. Innovate Brew website e vídeo. Disponível em: <http://innovateblue.umich.edu/research/innovate-brew/>. Acesso em: 12 fev. 2018.

21. Ibid.

22. Entrevista em 28 jan. 2019.

23. Entrevista em 11 fev. 2019. Troca de e-mails em 29 abr. 2019.

24. A partir de jan. 2018, por "Statista: The Statistics Portal". Disponível em: <https://www.statista.com/statistics/258749/most-popular-global-mobile-messenger-apps/>.

25. Entrevista em 28 jan. 2019.

26. Troca de e-mails em 15 fev. 2019.

27. Veronica Gilrane, "Working Together When We're Not Together", Blog Trabalhando no Google, 4 abr. 2019. Disponível em: <http://bit.ly/37YStZt>. Acesso em: 9 jun. 2019.

28. Paul Leonardi e Tsedal Neeley, "What Managers Need to Know About Social Tools", *Harvard Business Review*, nov.-dez. 2017.

29. P. M. Leonardi, "Ambient Awareness and Knowledge Acquisition: Using Social Media to Learn 'Who Knows What' and 'Who Knows Whom'", *MIS Quarterly*, v. 39, p. 747-776, 2015.

30. Agradeço ao meu colega Jose Uribe por me fornecer seu diagrama de networking.

31. Gardner, *Smart Collaboration*, p. 175-183.

32. Gardner, *Smart Collaboration*, p. 181-182.

33. Dan Ranta, "The Power of Connections at ConocoPhillips", Slideshare. Disponível em: <https://www.slideshare.net/SIKM/dan-ranta-power-of-connections-at-conocophillips>. Acesso em: 14 fev. 2018. Ver também P. Gray e D. Ranta, "Networks of Excellence", em R. Cross, R. J. Thomas, J. Singer, S. Colella e Y. Silverstone (eds.), *The Organizational Network Fieldbook*, São Francisco: Jossey-Bass, 2010.

34. Entrevista pelo Skype em 28 fev. 2018.

35. Charles Steinfield, Joan M. CiMicco, Nicole B. Ellison e Cliff Lampe, "Bowling Online: Social Networking and Social Capital with the Organization", trabalhos da quarta conferência internacional sobre Comunidades e Tecnologias, 2009, p. 246.

36. Joan DiMicco, David R. Millen, Werner Geyer, Casey Dugan, Beth Brownholtz e Michael Muller, "Motivations for Social Networking at Work", trabalho de conferência, *ACM*, 2008, p. 716.

37. Jennifer Thom, David Millen e Joan DiMicco, "Removing Gamification from an Enterprise SNS", trabalhos da *ACM 2012 Conference on Computer Supported Cooperative Work*, Nova York: ACM, 2012.

38. Análise em Thom, Millen e DiMicco, *Removing Gamification.*
39. Cliff Lampe, Rick Wash, Alcides Velasquez e Elif Ozkaya, "Motivations to Participate in Online Communities", trabalhos da SIGCHI conferência sobre fatores humanos no sistema de concorrência, *ACM*, 2010, p. 1927-1936.
40. Jacob C. Fisher, Jonathon Cummings e Yong-M i Kim, "Abandoning Innovations: Network Evidence on Enterprise Collaboration Software", manuscrito não publicado, Instituto de Pesquisa Social da Universidade de Michigan.
41. Gardner, *Smart Collaboration*, p. 175.

Capítulo 7

1. "Gallup's 2017 State of the American Workplace". Disponível em: <http://bit.ly/2SYL0VS>; ver também "The ROI of Recognition in Building a More Human Workplace", Globoforce Workplace Research Institute, 2016. Disponível em: <http://bit.ly/2PpsROI>; e L. Anik, L. B. Aknin, M. I. Norton, E. W. Dunn e J. Quoidbach, "Prosocial Bonuses Increase Employee Satisfaction and Team Performance", *PLOS ONE*, v. 8, n. 9, 2013. Disponível em: <http://bit.ly/37Y9ClN>.
2. Ibid.
3. "The ROI of Recognition in Building a More Human Workplace", Globoforce.
4. Essa história vem de um artigo de Jennifer Robison para Gallupp, "In Praise of Praising Your Employees". Disponível em: <http://bit.ly/2TiryCv>. Acesso em: 9 nov. 2006. Minha discussão sobre essa história contém material parafraseado e citado desse artigo. Atualizei os fatos sobre a receita da Granite e o cargo de David Grazian.
5. Também entrevistei Dave Grazian em 13 de maio de 2019. Agora aposentado, ele fundou a Youth NOW e continua como presidente da empresa.

6. Tómas Bjarnason, "Social Recognition and Employees' Organizational Support", *Göteborg Studies in Sociology*, Departamento de Sociologia da Universidade de Gotemburgo, n. 27, 2009.

7. Entrevista em 13 jan. 2019. Além disso, ver David Sturt, Todd Nordstrom, Kevin Ames e Gary Beckstrand, *Appreciate: Celebrating People, Inspiring Greatness*, Salt Lake City: O.C. Tanner Institute Publishing.

8. "Having a Calling and Crafting a Job: The Case of Candice Billups", Center for Positive Organizations, Universidade de Michigan, Ross School of Business. Disponível em: < http://bit.ly/32s8lT0>.

9. Christopher P. Cerasoli, Jessica M. Nicklin e Michael T. Ford, "Intrinsic Motivation and Extrinsic Incentives Jointly Predict Performance: A 40-Year Meta-Analysis", *Psychological Bulletin*, v. 140, p. 980-1008, 2014.

10. James M. Kouzes e Barry Z. Posner, *Encouraging the Heart*, São Francisco: John Wiley & Sons, Inc., 2003.

11. Ari Weinzweig, *A Lapsed Anarchists Approach to Building a Great Business: Zingerman's Guide to Good Leading Part 1*, Ann Arbor: Zingerman's Press, 2010, p. 213.

12. Marian J. Their, *Coaching Clues*, Londres: Nicholas Brealey Publishing, 2003.

13. Dani Fankhauser, "The ROI of Recognition in the Workplace", post no blog Give and Take, Inc. Disponível em: <http://bit.ly/32tdHx7>. Acesso em: 4 out. 2018.

14. Recebi esse exemplo via e-mail de Betsy Erwin, diretora-associada sênior e chefe de educação do Center for Positive Organizations (CPO) na Ross School of Business da Universidade de Michigan, em 26 fev. 2019.

15. Robert A. Emmons e Michael E. McCullough, "Counting Blessings Versus Burdens: An Experimental Investigation of Gratitude and Subjective Well-Being in Daily Life", *Journal of Personality and Social Psychology*, v. 84, n. 2, fev. 2003, p. 377-389.

Ver também descobertas de pesquisa do O.C. Tanner Institute discutidas em David Sturt, Todd Nordstrom, Kevin Ames e Gary Beckstrand, *Appreciate*; e Adam M. Grant e Francesca Gino, "A Little Thanks Goes a Long Way: Explaining Why Gratitude Expressions Motivate Prosocial Behavior", *Journal of Personality and Social Psychology*, v. 98, n. 6, jun. 2010, p. 946-955.

16. Laszlo Bock, *Work Rules!*, Londres: John Murray, 2015, p. 249-250.

17. Bock, *Work Rules!*, p. 250-251.

18. Bock, *Work Rules!*, p. 251.

19. Entrevista em 11 dez. 2018. Troca de e-mails entre 10-12 jan. 2019.

20. "Using Recognition and Other Workplace Efforts to Engage Employees", Society for Human Resource Management and Globoforce, 2018. Disponível em: <https://www.shrm.org/hr-today/trends-and-forecasting/research-and–surveys/Documents/SHRM-GloboforceEmployeeRecognition%202018.pdf>.

21. "The ROI of Recognition in Building a More Human Workplace", Globoforce.

22. Entrevista em 21 jan. 2019.

23. Comunicação pessoal, 2017. GTB venceu o Positive Business Project Award 2015 por essa prática. Disponível em: <http://bit.ly/2PmOJKC>.

24. Essa é uma história real, mas o protagonista me pediu para não fornecer informações que o identificassem.

25. Steven Kerr, "On the Folly of Rewarding A, While Hoping for B", *The Academy of Management Executive*, v. 9, n. 1, 1995, p. 7-14.

26. Entrevista por telefone em 28 jan. 2019.

27. Marcus Buckingham e Ashley Goodall, "Reinventing Performance Management", *Harvard Business Review*, abr. 2015.

28. Pe eter Cappelli e Anna Tavis, "The Performance Management Revolution", *Harvard Business Review*, out. 2015.

29. Entrevista por telefone em 5 abr. 2018.

30. As quatro perguntas são: "Essa pessoa está pronta para ser promovida hoje?" "A pessoa corre risco de ter baixo desempenho?" "Eu sempre quis ser essa pessoa na minha equipe?" "Eu daria a essa pessoa a maior compensação possível?" Para detalhes, ver Buckingham e Goodall, "Reinventing Performance Management".

31. Disponível em: <https://www.greatgame.com/blog/employee-engagement/8-awesome-minigame-ideas-generated--practitioners>. Acesso em: 6 fev. 2018.

32. O aumento na receita pode ser astronômico, tal o impacto financeiro dos minigames jogados em um fabricante de peças para transporte com receita anual de 60 milhões de dólares. Eles jogaram 38 minigames ao mesmo tempo; o benefício direto foi um aumento de 450 mil dólares no lucro líquido. Eles estimam que, até agora, todos os jogos aumentaram o lucro líquido em 1,7 milhão de dólares.

33. Jack Stack com Bo Burlingham, *The Great Game of Business, Expanded and Updated: The Only Sensible Way to Run a Company*, Nova York: Crown Business, 2013. A edição original foi publicada em 1992. A metodologia de O Grande Jogo de Negócios também é chamada de "Open Book Management". John Case criou a expressão "open management" ou gerenciamento aberto. Ver seu *Open-book Management: The Coming Business Revolution*, Nova York: HarperCollins, 1995.

34. Esse resumo do plano de participação nos lucros da SRC é baseado no Capítulo 7 em Stack com Burlingham, *The Great Game of Business*, p. 157-183.

35. Stack com Burlingham, *The Great Game of Business*, p. 162.

36. Stack com Burlingham, *The Great Game of Business*, p. 159.

Sobre o autor

Wayne Baker é professor de Administração de Empresas e de Administração e Organizações na Ross School of Business, da Universidade de Michigan. Ele é diretor titular do Center for Positive Organizations e codiretor titular da Leading with Impact, uma parceria entre a General Motors e a Executive Education.

Seu foco de pesquisa e ensino e de suas palestras e consultoria é capital social, redes sociais, generosidade, educação organizacional positiva e valores. Baker tem seis livros e diversos artigos acadêmicos publicados. Seus artigos sobre liderança e administração estão no *Harvard Business Review*, nas revistas *Chief Executive* e *MIT Sloan Management Review* e vários outros veículos.

Ele é cofundador, conselheiro estratégico e membro do conselho da Give and Take, Inc., desenvolvedora da plataforma de tecnologia colaborativa Givitas, baseada nos princípios de *All You Have to Do Is Ask*.

Antes de ser titular na Universidade de Michigan, ele foi titular da escola de negócios da Universidade de Chicago. Fez o doutorado em Sociologia na Northwestern University e pós-doutorado em pesquisa na Universidade de Harvard. Mora com a esposa, o filho e um gato Birman em Ann Arbor, Michigan.

Para saber mais, visite: waynebaker.org.